휴학중독

mobydick.
지음

휴학중독

― 다시 돌아갈 이유를 찾았다 ―

좋은땅

주의사항

저자는 반사회적인 인물입니다. 평소에 긍정적이지 않습니다. 긍정적으로 살아야 하는 필요성을 느끼지만 실상은 그렇지 못합니다. 사회가 정한 틀에서 벗어나고 싶어합니다. 당연히 세상에는 이와 반대되는 삶을 살아가는 사람이 존재합니다. 요즘 우리 사회에서 함부로 불편함을 가지는 사람들이 많습니다. 나와 다른 삶을 산다고 해서, 다른 가치관을 가졌다고 해서 상대방은 하등한 존재가 아닙니다. 하나의 개체임을 인정해 주세요. 물론 상대방이 사회적으로 물의를 일으키고 있다면 우리는 불편해질 필요가 있을 것입니다. 하지만 모든 상황에 예민해질 필요는 없습니다. 우리가 상황에 대해 좀 더 객관적일 필요가 있습니다. 우리는 종종 모든 상황에 예민합니다. 그건 본인 중심의 삶을 살고 있다는 증거입니다. 본인 중심의 삶에서 벗어나야 많은 것을 얻어낼 수 있는 것이 우리가 살아가고 있는 삶이라고 생각합니다. 주위를 둘러보세요. 해답은 거기서부터 시작됩니다. 본 책은 저자의 20대 초반 휴학 기간까지의 인생을 담고 있습니다. 절대 특별한 이야기도, 문제 되는 이야기도 아닙니다. 하지만 개인에 따라 불편한 부분이 있을 수도, 왜 이런 인생을 살았을까? 의구심이 드는 부분도 있을 것입니다. 절대 그 감정을 나아가게 또는 키우려고 하지 마세요. 저자의 삶에 대한 감정을 공유하고, 저자의 깨달음에 대한 독자의 이해가 있었다면 저자가 글을 쓰게 된 이유는 성공한 것입니다. 그리고 그 정도가 저자가 바라본 책의 중요성이며, 다른 개체를 인정하고 존중하는 책의 시선이라고 생각합니다. 저자가 휴학을 바라보는 시선과 독자가 휴학을 바라보는 시선이 상이할 수 있습니다. 휴학을 통해 저자보다 많을 것을 성취하거나 다른 방향의 성취를 이루고자 했던 독자는 저자의 이야기가 공감가지 않을 수도, 저자의 고민이 이해되지 않을 수도 있습니다. 개개인이 처한 상황이 완벽히 같을 수는 없습니다. 조그만 차이가 생각보다 많은 변화를 불러옵니다. 저자와 독자는 그렇게 달라졌고, 앞으로도 같지 않을 것이라 생각됩니다. 휴학의 이유는 다양합니다. 앞으로 더 다양해질 것입니다. 인생을 축약하는 1년 동안 우리가 무엇을 배울 수 있었는지, 무엇을 배워야 하는지 알고 싶습니다. 그래서 휴학을 선택하였습니다.

우리가 어린 시절 어떠한 공간에서 밖으로 나갈 수 없도록 통제된 틀을 만들고 스스로를 속박했던 이유가 무엇이었을까요. 당신에게 학교의 의미는 무엇이었을까요. 저자는 명확하지는 않지만 학교를 버거워했고, 휴학 이전까지 학교의 의미를 몰랐습니다. 인생의 의미를 찾고, 새로운 목적성을 갖기 위해 시도한 휴학에서 많은 것을 배웠으며, 그동안 통제되고, 갇혀 있고, 스스로를 속박한 학교의 의미가 무엇인지 찾게 되었습니다. 새로운 의미는 새로운 변화를 불러왔고, 저자를 덜 차가운 공간으로 향하게 하였습니다. 새로운 변화는 새로운 틀을 만들었고, 덜 차가운 공간에서 만들어진 새로운 틀에 순응이 아닌 적응하는 순간, 나의 의미를 완성할 수 있다는 것을 알았습니다.

저자는 아직 20대로 정신상태는 아성체 정도로 추정됩니다. 미성숙한 개체입니다. 모성의 시선으로 글을 바라봐 주세요.

서문

 고등학교를 졸업한 학생들은 어디로 가야 할까? 정해진 결과가 없다. 졸업 이후, 우리의 발걸음은 다양한 곳으로 향한다. 자의에 의해 옮겨질 수도, 타의에 의해 옮겨질 수도 있다. 하지만 보다 다양하게, 상세하게, 새로이 살아가야 할 공간으로 이동한다는 것은 확실하다. 그리고 그 인구가 한 국가 내 학생 인구 90% 이상의 비율이라는 것은 대단한 수치이다. 최소한 내가 느끼는 감정은 그렇다. 나는 학교 다니기가 정말 싫었다. 그래서 더욱 체감하기 힘든 수치이다. 그렇다면 졸업 이후의 학생들이 가장 많이 이동하는 곳은 어디일까? 대학이다. 고등학교를 졸업한 약 72%의 비율은 대학이라는 새로운 기관에 자리를 옮기게 된다. 종종 대학을 위해 인생에서 2년, 3년, 심지어 4년 이상을 투자하는 경우도 있다. 대학은 우리에게 새로운 배움을, 새로운 만남을, 새로운 경험을 안겨 줄 것이다. 그런 생각을 하며 시간을 투자한다. 적어도 모든 사람이 입학 전까지 그런 생각에 빠져 산다. (빠져 살아야만 한다.)
 우리는 그동안의 학교를 익히 경험하여 알고 있는 사실이 있다. 막 나가는 학생들이 간혹 있었지만 대부분의 학생들은 학교를 마음대로 쉬어 갈 수 없었다. 나는 학교를 가기 싫은데 학교를 가야 하고, 학교를 가지 않으면 학교에서 전화가 왔다. 아주 단순한 시스템이었지만 우리는 항상 그 시스템에 대해 부정적인 마인드가 있었다. 학교는 우리를 통제했고, 우리는 그 통제된 틀 안에서 쉬어 간다는 생각을 쉽게 할 수 없었다.

   진정으로 학교를 쉬어 가려고 준비해 본 학생들은 학교에서 쉬어 가는 방법의 위험성을 알고 있을 것이다. 우리가 다니던 학교에서도 학교를 쉬어 갈 수 있는 방법이 있었다. 학교를 1개월 정도 쉬어 가며, 기간 안에 학업에 대한 마인드를 조정하는 학업 숙려제라는 제도가 존재한다. 유급 일자 전까지 학교를 출석하지 않고 그동안 학교를 마음대로 빠지는 학생도 있었을 것이다. 그리고 교칙에 있는 질병결석, 체험학습을 몰아서 쓰면 1개월 정도는 학교 밖에 있을 수 있다. 하지만 그 사실을 알고만 있는 학생들은, 시도하지 않은 학생들은, 망설였던 학생들은, 왜 시도할 수 없었는가? 내가 기피하는 통제된 틀 안에서 1개월이나 벗어날 수 있는 기회인데 왜 그것을 시도하지 않았는가? 우리가 다니던 학교에서 학업 숙려제와 같은 제도를 사용하는 학생들의 비중이 매우 적다는 것은 경험으로 알 수 있다. 학업 숙려제를 사용하지 않는 세부적인 이유는 정말 다양하다. 가장 대표적인 이유는 "뒤처질까 봐"였다. 반드시 1개월 뒤에 돌아와서 정규 프로그램을 따라가야만 하는 시스템에서 과연 누가 그 제도를 사용하고 싶겠는가? 의무교육에서 나 혼자 뒤처지는 것은 내가 통제된 틀 안에서 받는 스트레스보다 더 힘든 스트레스를, 더 큰 상처를 준다는 생각을 했기 때문이었다.

우리는 고등학교까지 마음껏 쉬지 못했다. 그래서 더욱 목말라 있었다. 내가 원하는 삶, 내가 만들어 가는 삶, 내가 생각하는 진정한 LIFE.

1년을 버텼다. 통제된 틀 안에서 지옥 같던 1년이 아주 빠르게 지나갔다. 12년을 버텼지만 우리에게 가장 큰 임팩트는 마지막 1년이었다. 어떻게 지냈는지 기억이 잘 나지 않는다. 말하자면 그리 기억하고 싶진 않다. 공부를 안 하는 사람은 안 하는 대로, 하는 사람은 하는 대로, 다른 일을 하는 사람은 또 그런대로 힘들었다. 그런 1년이 지나가 버렸다. 우린 10대의 마지막을 그렇게 통제된 틀 안에서 보내야 했다. 그게 싫었든 좋았든 우리에게 10대는 그렇게 끝이 났다. 1년을 버텼고, 맞이할 인생을 기대하며 묵은 날들을 보내 주었다. 그리고 대학에 진학한 순간, 우리의 이야기가 달라졌다.

대학에 진학한다는 72%의 학생들은 새로운 경험을 할 수 있었다. 정말 많은 것이 바뀌었다. 물론 대학이라는 기관에도 동일한 형식의 틀은 남아 있었다. 하지만 중요한 것은 구속력이었다. 나를 쥐어짜고, 간섭하던 구속력이 크게 약해졌다. 나는 그 구속력을 금방 즐길 줄 알았다. 하지만 내가 벗어나고 싶은 것은 그 구속이 아니었나 보다. 의외로 나는 그 미미한 저항에 적응할 수 없었다. 나를 구속하지 않는다고만 생각했지, 내가 할 수 있는 것이 줄어든다는 생각은 하지 못했다. 구속과 함께 사라진 활동반경은 나에게 익숙함을 주지 못했다. 나는 대학이라는 기관에 많은 기대를 하고 출발했다. 대학이라는 기관에서는 새로운 사회활동을 할 수 있게 될 것이며, 폐쇄적이지는 않을 것이라는 믿음이 있었다. 결과적으로 대학에서는 "스스로"라는 단어가 핵심이었다. 내가 움직이지 않으면 아무것도 성취할 수 없었다. 그리고 1학년이 수행할 만한 움직임은 크지 않았으며, 상당한 저항만이 존재했다. 생각보다 커진 스스로의 저항과, 구속된 틀에서 비롯되는 활동반경에 대한 형식적인 미미한 저항, 매우 어색했다.

하지만 모두가 아주 빠른 속도로 그 미미한 저항에 익숙해져 갔다. 그때는 적어도 순응하고 있었다. 하지만 그 모습은 고등학교와는 사뭇 달랐다. 단적으로만 바라봐도 알 수 있었다. 고등학교 때 우리가 수업을 대하는 마인드만 보아도 알 수 있었다. 대학에서는 어느 누구도 찾아볼 수 없었다. 고등학교처럼 어떻게든 시간을 맞춰서 등교하고, 수업에 빠지지 않기 위해 쉬는 시간이 끝나기 전, 교실에 앉아 있고, 그조차 어색해졌다. 누구나 자연스럽게 달라졌다. 대학이라는 공간만 바뀌었다. 하지만 약해진 구속력에 순응한 이들을 다른 행보를 보였다. 누구나 수업을 빠진다. 누구나 출석만 한다. 아니, 출석도 잘 하지 않는다. 수업을 하다가 중간에 뒤를 돌아보면 반절이 사라졌다. 교사들은 익히지 못한 교수들만 사용가능한 핑거 스냅이 존재한다는 것이 정말 익숙치 않았다. 공부에 대한 개념은 또 어땠는가. 고등학교 때 우리는 매우 극렬한 경쟁에 시달렸다. 친구끼리도 솔직하지 못할 만큼 치사하게 경쟁하였고, 증오와 혐오를 조장하는 작은 사회를 만들었다. 물론 그게 없어진 것은 아니었지만 마인드는 달라졌다는 것이 보였다. 고등학교 때, 우리는 시험에 나오는 개념 중, 우리가 익히지 못한 개념은 반드시 틀린다고 생각했다. 때문에 정말 다양한 문제를 풀었다. 시험기간 동안은 밤을 새우며, 정해진 범위까지 반드시 공부했다. 부족한 점을 채우기 위해 본인의 주머니 사정보다 과한 범위까지 학원, 과외를 통해 해결했고, 다양한 공부, 확장된 공부, 파고드는 공부, 스스로 하는 공부를 지향했다. 그런데 막상 대학에서 처음 하는 공부는 솔직히 이상했다. 나는 시험기간 3주전에 책을 잡아 보았다. 상당히 많은 욕을 먹었다. 그리고 그들과 같은 삶을 살다 보니 자연히 시험을 바로 앞두고 다시 책을 펴게 되었다. 그들은 시험기간 1주 전에 공부를 시작하면 1등한다고 의심을 한다. 하지만 웃긴 건, 시험 전날 책을 펴는 이들과 한 달 동안 공부한 이들의 성적은 크게 다르지 않았다. 정말 간단하게 공부하고, 간단하게 익힌다. 공부나 출석 같은 기본적인 마인드셋만 그랬을까…. 일단 "참여"의 의미가 무뎌졌다. 고등학교 때는 정말 작은 활동이어도 뭐라도 해서 어떻게든 열심히 살려고 했던 학생들이, 보상심리에 젖어 가며 스스로를 위로하는 건 당연하게 보여졌고, 나 또한 그에 동화되려 하는 게 맘에 들지 않았다.

 하지만 다들 그런 삶 속에서 본인이 원하는 삶, 본인이 만들어가는 삶, 본인이 생각하는 진정한 LIFE를 살고 있었다.

 달라진 구속력에 순응하는 것이 가능한 것일까? 이때 학교에 대한 의문을 가지게 되는 사람들이 많다. 그리고 그 의문은 내가 달려온 12년에 대한 회의감을 가져온다. 하지만 학교에서의 재미를 찾는 사람은 학교에 잔여한다. 그리고 학교에서의 재미를 찾지 못하는, 나와 같은 사람은 밖으로 나오게 된다. 첫 수업, 첫 강의, 첫 동료, 첫 활동… 한 번씩만 경험해 보면 3월은 지나가게 된다. 그리고 대부분 3월에 결정된다, 그 회의감으로 인한 앞으로의 계획이.

내가 생각하는 대학의 전부는 그게 아니었다. 나는 수업을 받으러 학교에 온 것이지, 수업에서 벗어나려고 학교를 온 것이 아니었다. 내가 하고 싶은 공부를 하러 학교에 온 것이지, 평생 놀거리를 구하러 학교에 온 것이 아니었다. 도대체 출석 포함 10분짜리 수업에 무슨 의미가 있었던 건지, 꿈속에서 듣는 수업은 귀에 들어오긴 하는 건지, 시험공부도 안하고 보는 시험은 의미가 있는 건지, 지하철에서 보내는 시간이 학교에 있는 시간보다 길었던 것은 도대체 무슨 의미 인 것인지, 이게 당신들이 원하는 학교가 맞는지, 일단 내가 원하던 학교는 아닌 것 같았다. 그때부터였다. 점점 자신과의 싸움이 시작되고 있었다.

그와 함께 새로운 공간은 생각의 변화를 불러왔다. 학교라는 시설만 바뀌었을 뿐이었다. 크게 달라진 점이 있었다. 학교에는 20대도 있고, 30대도 있고 연령대가 다양했지만 모두가 학생이었다. 학교를 다니던 같은 1학년 중 나이 차이가 4살이 나는 형이 있었다. 한학기만 학교를 다니다가 휴학을 해서 그랬단다. 이전의 학교에서 우리는 쉬어 가지 못했다. 함부로 쉬어 갈 생각도 하지 못했다. 쉬어 가고 싶었다. 내가 걷는 길에 대해 고민할 시간조차 주어지지 않았다. 하지만 대학이라는 새로운 공간은 새로운 시간이 있었다, "휴학"이었다. 새로운 공간이 불러운 생각의 변화는 얼마전 시작된 자신과의 싸움을 부추기게 되었다. 학교에서는 심심치 않게 볼 수 있었다. 정말 개나 소나 심심하면 휴학을 했다. 옛날에는 군 휴학, 가정형편, 등록금 마련 등과 같은 특정한 사유로만 휴학을 사용하는 것이 일반적이었다. 하지만 달라졌다. 요즘은 "창업 휴학"과 같은 새로운 휴학 방식이 존재할 정도로 휴학의 범위가 크게 확장되었다. 대학교에서 4명 중 1명은 휴학생이라고 한다는데 그게 사실이었다. 휴학은 정말 대중화되었고, 학교에서 지칠 때 한번 꺼내 드는 비밀병기. 그 정도였다. 그리고 휴학생의 비율은 점차 늘고 있다는 것. 점차 다양해지고 있다는 것. 나에게도 또 다른 의미로 다가왔다.

  입학하기 전, 1년 뒤에 생길 그 새로운 카드인 "휴학"에 대해서 전혀 생각해 보지 않았다. 나는 새로운 공간인 학교에 대한 기대가 컸다. 내가 졸업한 고등학교는 정말 뭣 같았고, 그래서 나는 대학이라는 공간을 더욱이 기대했다. 새로운 공간에서는 보다 많은 것을 할 수 있으리라는 기대, 더 나은 삶을 만들 수 있을 것이라는 기대, 진짜 내가 원하는 것을 그릴 수 있을 것이라는 기대만이 있었다. 그래서 나는 그 카드를 그렇게 빨리 사용하게 될 줄 생각하지 못했었다. 나는 그저 앞만 보고 달릴 줄 알았다.

  새로운 공간인 대학은 생각보다 익숙했다. 전혀 새롭지 못했다. 내가 물어 뜯기던 공간과 유사했다. 거의 같았다. 그래서 더 거부했다. 나는 그 공간에서 벗어나려고 3년을 보내 주었다. 누가 찬란한 10대의 마지

막을 통제된 구속 안에서 보내고 싶었겠는가? 밖에서 하고 싶은 것이 전혀 없어서 학교에 갇혀 공부만 한 것은 아니었다. 하지만 내가 3년을 지불하고 얻어낸 대가는 3년의 값을 하지 못했다. 입학 하루만에 고민이 시작되었으니 3년을 주고 하루의 값을 얻어낸 것이었다. 대학은 내가 원하는 공간이 아니었다. 그리고 그 사실은 바뀌지 않을 것 같았다.

대학 입학과 동시에 자퇴를 울부짖었다. 하지만 대학은 나와 같은 고민을 하는 사람도 인정했다. 충분히 그런 고민을 할 수 있을 것이라고 생각했나 보다. 그래서 나에게 자퇴보다 휴학이라는 카드를 들이밀었다. 미숙한 나로서도 1년 동안의 인생을 돌아볼 계기를 만들고 학교에 대한 미련이 없어졌을 때 떠나는 것이 맞는 것 같았다. 휴학에 대해 고민하기 시작한 것이다. 휴학에 대해 처음 외부에 이야기할 때 모두가 반대하는 분위기였다. 정말 많은 이들이 휴학을 하고 있다. 하지만 휴학에 대해 아직까지 완전하게 긍정적인 시선을 가지는 사람은 없었다. 휴학은 학교를 다니는데 어떠한 방향이든 문제가 생겨 학교를 쉬어 갈 수 있도록 만든 제도이다. 그러다 보니 외부의 시선도 완전하게 긍정적일 수는 없는 것이 사실이다. 과거에도 현재에도 그런 시선은 존재한다. 현재에 들어 그런 시선이 옅어지고 있는 것도, 그 시선에 관계없이 본인의 인생을 살고자 휴학을 결정하는 인구가 점차 늘고 있다는 것도 모두 사실이다.

나는 휴학을 하기 위해 정말 많은 고민을 했다. 휴학을 하고자 하는 사람이라면 누구나 많은 고민을 하고 결정을 할 것이다. 그리고 그 고민은 휴학을 결정했다고 해서 끝나지 않을 것이다. 내가 경험한 휴학은 그동안의 살아온 인생에서 새로운 패러다임을 만들었다. 물론 휴학의 형태가 다양하기 때문에 누구는 그냥 흘러가는 휴학을 원해서 시도할 수도 있을 것이다. 하지만 적어도 목적성을 찾기 위한 휴학을 시도하는 사람에게 있어서 내가 느끼는 휴학은 그동안 살아온 인생을 1년 동안 함축적으로 체험할 수 있도록 설정하는 장치라고 생각한다. 내가 21년을 살았다면 하루가 21배로 빨리 흘러갈 것이고, 25년을 살았다면 25배로 빨리 흘러갈 것이다. 그동안 쉬어 오지 않은 사람이라면 더욱 그렇다. 스스로 나의 루틴, 목표, 계획을 철저하게 설정해야만 내가 원하는 정도에 도달할 수 있다. 모든 계획이 완벽해도 돌아보면 정말 많은 부족함이 존재했다. 누구도 도와주지 않았고, 많은 도움이 끊겼던 것도 사실이다. 통제된 틀 안에서 벗어나는 게 더 어려워지는 이유라면 이유일 것이다. 휴학은 새로운 고민을 낳는다. 그래서 사람들은 휴학을 자기계발의 시간으로 또는 자기만족의 시간으로 보내게 된다. 자기계발의 시간으로 보내고자 하는 휴학이라면 당신이 보내고자 하는 휴학의 당장은 힘들 수밖에 없다. 하지만 지난 후 돌아보았을 때, 내가 생각한 휴학의 의미가 남아 있게 될 것이다. 반대로 자기만족의 시간으로 휴학을 보내고자 한다면 당신이 보내고자 하는 휴학의 당장은 편할 것이다. 하지만 지난 후 돌아보았을 때, 20배 이상 빨리 가는 시간 속에서 내가 생각한 휴학의 진정한 의미가 과연 남아 있을까? 무엇인지 기억은 할까?

많은 사람들이 다양한 이유로 휴학을 시도한다. 그래서 사람들은 단순하게 판단한다. 하지만 휴학은 성공이냐 실패냐 같은 단순한 흑백논리로 따질 수 없다. 휴학은 많은 것을 얻고, 잃으며 과정의 배움을 잘 골라야 하는 것이다. 그 과정의 배움을 잘 고르는 사람이 휴학의 의미를 잘 남길 수 있는 사람이다. 휴학의 과정에서는 정말 다양한 배움이 있다. 예를 들어, 내가 학교를 다닐 때 이불정리를 안 하고 학교를 다녔으나 휴학기간 동안 이불정리를 하게 되었다면 당신은 정말 사소한 것일지라도 과정의 배움을 통해 한 단계 성장한 것이다. 많고 많은 예시 중에 같잖은 이불정리를 왜 예시로 들었는지 묻는다면, 나는 이불정리를 상당히 중요하게 생각한다. 누구는 그렇지 않을 수도 있다. 사실 이불정리에는 "복이 들어오는 집"에 대한 확고한 신념이 존재하던 가정환경의 영향도 있지만 어릴 때 매체로 접한 미국의 어느 해군장성이 했던 말이 가정환경의 영향보다 크게 다가왔던 것 같다. 습관은 정말 사소한 부분부터 고쳐 나가야 많은 것을 변화시킬 수 있는 원동력이 되기에 본인의 생각에서 가치 있는 성장을 만들려면, 눈에 보이는 것부터 해결해야 한다는 것이다. 당신이 문제를 해결하고자 할 때 당신의 눈에 보이는 문제는 상당히 급한 일 이상의 문제라고 본다. 그래서 그것을 뛰어넘을 가치 있는 성장을 시도했다면, 당신의 휴학은 의미 있는 휴학이다.

본 책은 휴학을 결정하고 내가 1년간 느낀 고민, 배움, 좌절 등의 스토리를 정리했다. 그리고 결론적으로 휴학은 짜여진 틀이란 것, 다시 돌아가야 하는 곳이 정해져 있다는 것, 그걸 알게 된 내가 어떻게 살아가야 할지 생각하는 것을 말하고 싶다. 지금도 휴학을 망설이거나 결심한 사람이 있을 것이다. 충분한 번뇌가 필요하다면 다른 사람이 경험한 휴학에 대해 들어보는 것도 좋다. 휴학은 짜여진 틀이다. 본인이 고민중인 휴학에 대해서는 본인의 인생에 맞는 휴학을 하는 것이 가장 좋다고 밖에 말해 줄 수 없다. 본인의 인생에 맞는 휴학을 하기 위해 다양한 삶을 체험해 보라.

휴학을 하고 일상에 적응하는 데까지는 많은 시간이 걸리지 않았다. 되돌아보면 그 날짜는 적응이 아닌 순응이었다. "나 지금 휴학했지. 그럼 이렇게 살아야 되나?"라고 사회의 물음에, 사회의 답변에 맞춰 살아가려 했다. 순응이 아닌 적응을 위해 내 삶에서는 더 많은 시간이 걸린다는 것을 깨달았고, 그 시간이 지났다. 휴학에서 순응이 아닌 적응의 시간이 시작된 후부터, 더 많은 노력을 할 수 있는 기회가 생겼다. 그리고 지금은 휴학에 대한 적응이 아닌, 내가 앞으로 가야 되는 길에 대한 적응을 위해 다시 순응하는 과정, 즉 복학이 필요하다고 생각한다.

휴학하면서 느낀 점, 배운 점, 경험한 점이 정말 많다. 그렇기 때문에 앞으로 이 책을 넘어서도 휴학을 원하는 누구에게나 풀어나갈 내용이 다양하다. 단 하나 확실한 것은 휴학의 끝에 편안했다라는 감정이 느껴진다면 휴학은 의미가 없는 시간이었던 것이 아닐까 생각해 본다. 1년 동안의 고찰은 단순히 편안했다라는 감정으로 끝날 수가 없을 것이다. 난 그렇기에 책을 시작하기 전부터 확실히 말한다. 휴학을 생각하고 있다면 후회 남는 선택은 하지 마라. 웬만큼 반드시 시도해라. 당신이 휴학하고 후회하는 일보다 휴학을 하지 않고 후회하는 일의 비중이 더 크다. 게다가, 휴학은 당신이 지금까지 살아온 인생을 함축적으로 다시 경험할 수 있도록 해 준다. 둘도 없는 기회이다. 하지만 되도록 불편한 휴학을 경험하는 것이 의미 있더라.

  나는 책을 쓰는 지금 21살이다. 아직 생각의 단계가 깊지 않고 인생의 단계도 미완이라는 뜻이다. 그저 내 감정이, 휴학하면서 느낀 점이 어땠는가에 대한 주관을 기반으로 작성된 글이니 그러려니의 감정으로 읽어 내려가자. 작성 후에 바로 출판한 글이 아니다. 글을 볼 때마다 수정할 정도로 기분에 따라 작성된 글이다. 그만큼 어린 감정으로 적어 낸 글임을 인지해 주길 바란다.

  제목을 보고, 목차를 보고, 서문을 읽고, 눈에 띄지 않는다면, 마음을 흔들지 않는다면, 나를 불편하게 하는 주제라면 과감히 표지를 닫아라.

목차

주의사항		004
서문		007
(-)의 영역	→ "이게 맞는 것 같아"	020
(+) 00:00	→ "초조함의 잠식"	063
(+) 08:00	→ "꿈을 꾸면 되는 줄 알았던"	089
(+) 15:00	→ "짜여진 틀, 허탈함"	108
(+) 21:00	→ "적응"	121
(+) 24:00 = 00:00	→ "새로운 웃음, 새로운 길, 복학하겠습니다"	147
휴학 간단 정리		157
쉬어 갈 때 가장 중요한 30가지		160
책을 쓰게 되었다는 것		173

(-)의 영역

→ "이게 맞는 것 같아"

〈*달리다 쉬다가 그게 인생이지, 언제까지 달릴 수 있을지도 모르면서.*〉

　단 하나의 선택이 단 하나의 이유로 만들어지는 경우는 없다. 모든 사건에는 다양한 인과관계가 포함된다. 사슬 같은 사건들이 얽히고 얽히며 하나의 선택을 만든다. 휴학이라는 선택은 단순히 "학교를 떠나고자", "학교가 싫어서" 라고 설명되기 어렵다. 나의 어릴 적부터 가슴 속에 끓어올랐던 모든 것이 방출되는 하나의 결과물이었다. 사람들이 휴학에 대해 물어볼 때 난감한 것도, 명쾌한 답을 줄 수 없는 것도 그 이유가 아닐까 싶다. 단순히 "자격증 준비하려고요", "공부해요" 이런 식의 대답이 나올 수 없었다. 어디서부터 어떻게 말해야 하는지를 몰랐다. 그래서 휴학을 말하고자 할 때, 내가 살아온 스토리는 필연적이었다. 하지만 누군가 나에게 왜 휴학을 하게 되었냐고 했을 때, 단순한 답을 할 수밖에 없었다. 어릴 적 스토리부터 내가 휴학을 결정하게 된 주된 이유를 모두 꺼내 보여 줄 수는 없었다. 휴학에 대한 진실된 비하인드 스토리는 기회가 되어야만 말할 수 있었다. 보통의 사람들은 본인의 질문에 대한 일정 이상의 원하는 답을 들으면 답의 내용에 정착하게 된다. 누군가에게 원하는 답을 얻었다고, 그 답이 완성된 답이라는 착각은 마라. 우리 삶 속에서 질문을 하고, 단 하나의 답으로 정리되는 것은 많지 않다. 단 하나의 선택이 단 하나의 이유로 정리될 수 없는 것과 같다. 나는 휴학을 하고 섣불리 말할 기회가 없었다. 앞으로도 말할 기회는 많지 않을 것이다. 그렇기에 대부분의 사람들은 단편적인 답만 알고 있을 것이다. 나는 학교에 불만을 가지고 학교를 쉬고 있다는 것으로…. 하지만 그게 정확한 답이 아니라는 것, 내 인생에서 가장 중요한 "이게 맞는 것 같아"를 지키기 위한 삶. 그것을 말하고 싶다.

나는 상당한 관종이었다. "호기심이 아주 많고, 낙천적이며, 탐구력이 있었다. 아무튼 남들과는 다른 독특한 개성 있는 친구임" 이런 식으로 포장할 수도 있다. 실제로 초등학교 생활기록부에 유사하게 적혀 있는 말이다. 하지만 어릴 때, 사람들의 관심을 받는 것을 즐겼던 것, 그것은 부정하기 힘든 사실이다. 자라면서 남들과 같다는 것을 기피했다. 과하게 기피했다. 요즘 사람들에게도 그런 증상이 흔하게 나타난다. 그래서 우리는 그것을 "홍대병"이라고 부른다. 나는 그 증상이 정말 당연한 증상이 아닌가 생각한다. 어느 야생에서 남들과 같은 상품이 팔리겠는가, 반대로 누가 사 가겠는가, 맛있어서 먹히겠는가, 강해서 잡아먹을 수 있겠는가, 그저 도태되는 제1순위는 내 자신의 캐릭터가 없는 평범한 사람일 뿐이라고 생각한다. 성장기의 나는 그게 싫었다. 항상 망설여졌다. 나만의 캐릭터는 남들과 달라야 했고, 남들은 할 수 없어야 했다. 본인을 녹여낼 수 있는 자신만의 캐릭터가 반드시 필요하다고 생각했다.

그래서 내가 맞다고 생각하는 길에 대한 확신이 1이라도 있으면 그 길로 갔다. 그리고 걷지 않고 무조건 뛰었다. 성장기의 모두가 그렇듯 어떤 길인지 잘 보이지는 않았다. 하지만 나는 다양한 길에 대한 답습이 나를 성장시킬 것이라는 믿음이 있었다. 그리고 그 성장은 나에 대한 캐릭터를 만드는 발판이 될 것이라고 생각했다. 주로 남들이 하지 않는 것을 했다. 남들은 피아노 치고, 태권도를 다니며, 놀이방에 도장을 찍는 나이에 15세 이상의 영화만 골라보고, 드럼을 쳤으며, 스케이트 보드를 탔다. 남들이 학교 끝나고 공부하러 학원을 갈 때, 나는 집에 와서 3D 프린터를 만졌고, 스케치업을 다뤘다. 항상 내가 생각하는 길이 맞다면 그 길로 갔고, 3km든, 300km든 걷다가 뛰다가 쉬다가 놀다가 천천히 그 끝에 다가가면 된다고 생각했기 때문에 큰 걱정 없이 내 길에 대해 생각해 볼 수 있었다.

그래서 어릴 때는 철부지에 가까웠다. 남들과 다른 행태를 보이니 이상하게 보이기도 했을 것 같다. 정말 많은 사고를 쳤다. 당연히 남들이 칠 만한 수준의 사고가 아니었고, 그걸 보는 주변인의 시선은 어땠을까 싶다. 예를 들어, 나는 비비탄총의 메커니즘에 관심이 많았다. 장전을 하고 방아쇠를 당기면 내부의 홉업에서 바람이 나오는 것이 신기했다. 그리고 그것을 체감하고 싶었다. 총에 비비탄을 넣고 왼쪽 안구에 격

발했다. 5살이었다. 프로판가스가 궁금해서 캐넌을 제작하고 온 집안에 가스냄새가 나도록 터뜨렸다. 코일건을 만든다고 온 동네 철물점의 변압기를 구해다가 구리선을 다 뜯어서 가정용 전력이 못 견디는 수치로 만들어 놓고 차단기가 다 터지도록 만들었다. 소소한 일상이 그랬다.

   하지만 어떤 상황에서도 부모님은 눈치를 주지 않으셨다. 내가 어떤 위험한 행동을 한다고 말리지 않으셨다. 그냥 안전하게 해 봐. "하고 싶은 거 해 봐"였다. 그때 만약 부모님이 나를 말렸다면 내가 다른 방향으로 성장했을 수도 있을 것이다. 많은 가정이 아이들의 안전을 위해 활동반경을 줄이던 시기에 나는 자유로움을 만끽하며 내가 생각하는 미래를 그릴 수 있었다. 집안에서의 자유로운 분위기가 보다 생각할 수 있는 환경을 만들었던 것은 완벽한 사실이다. 나는 내가 확신하는 길에 대해 꼭 결과를 도출해야 하는 성격이었다. 물론 지금은 세상의 이치를 따지며 결과에 대해 이익을 따지고 행동한다. 내가 가고 있는 길이, 가려고 하는 길이 생각 외로 이익이 나오지 않는 길이라면 고민을 많이 해 보고 행동한다. 누구는 속물이라고 할 수 있지만 세상에 순응하게 되는 과정이 아닐까 싶다. 하지만 이 시기의 나는 지금처럼 하나하나 이익을 따지는 모습은 절대 아니었다. 단순한 이분법적 사고를 좋아했다. "하고 싶다 = 해야 한다"가 되었던 것이다. 아무도 나를 막을 수 없었다. 눈에 총을 쏘고 병원에 실려 가도, 집에서 불을 피워도, 집에 전력을 차단시켜도 그저 내가 하는 일은 나의 결정에 대해 내가 내리는 결과였다. 어떤 이의 눈치도 없이 내리는 결정이었다.

나는 이 시기에 완벽한 캐릭터가 있었다. 어릴 적 캐릭터는 변하게 되는 것이 당연하지만 일반적인 캐릭터가 아니었고, 흔히 "매드사이언티스트" 정도로 통칭되었다. 그 당시의 환경에서 그렇게 어렵지 않게 느껴진 공부였기에 나름 잘났다고 느꼈고, 흥미를 찾아가고자 처음에 나는 순수과학 쪽에 발을 들이고 싶었다. 물론 순수과학에 관심을 보일 때쯤에는 세상에 대해 아무것도 모를 시절이었다. 그저 아무의 눈치 없이 내가 하고 싶은 연구, 내가 하고 싶은 활동을 하는 것이 꿈이었다. 그때는 남들의 눈치를 잘 보지 않은 것은 물론이고, 잘 보려고 하지 않았다. 지금의 나로서는 부럽게도…. 하지만 성장하면서 세상을 알아가고, 본인을 알아 가고, 세상에 순응하고, 본인에 순응하며 "내가 과연 어떤 사람이 되어야 하는가?"에 대해 정말 많이 고민했다.

자유로운 세상에서 공부하고 싶었던 아이는 한국의 교육체계에 적응하기 어려웠지만 수많은 자유를 선물하신 부모님이 바라는 딱 하나, "제발 학교는 다녀라"였다. 만약 내가 부모 없이 자랐던 아이라면 아마 스님이 되었을 것이다. 지금도 마음이 아리거나 허전할 때면 산사에 방문한다. 그리고 법당에서 향 냄새를 맡으며 앉아있으면서 불상이 주는 떨림을 느낀다. 나는 그 떨림이 좋다.(불교라고 오해할 수 있는데 종교를 가지지는 않았다.) 그래서 그런지 철없는 중생에게 부처가 부모를 선물하셨고, 부모는 학교라는 체제를 통해 나를 보호하셨다. 난 학교를 좋아하지는 않았지만 학교에서 얻은 것도, 잃은 것도 많기에 결론적으로 중도포기 없이 "제발 학교는 다녀라"라는 의지를 보여 주신 부모님께 감사를 드린다. 그래서 나는 학교 안에서 진로를 찾았다. 처음에 세상 물정을 모르던 시절부터 많은 고민을 하며 진로와 인생이 바뀌었다. 지금도 빠른 시일 내에 죽지 않는다면 어떤 사람으로 성장할 것인가에 대한 답은 무한하다고 생각한다.

  어릴 적 꿈이 지속되어, 그 꿈을 이룬 사람은 많지 않다. 그런 사람이 대단하다고 생각하지만 좋은 길이냐고 물어볼 때 그렇게 좋은 길인 것 같다고 말하지는 못할 것 같다. 어릴 때 꿈이 의사였고, 그 꿈을 이루기 위해 앞만 보고 달려서 꿈을 성취한 사람은 정말 대단하다. 존경받을 만하다. 하지만 그에게는 인생에 대해 근본적으로 고민한 시간보다, 인생의 방향에 대한 당위성을 부여하기 위해 노력한 시간이 클 것이다. 그런 점에서 학교는 꽤 괜찮은 공간일 수도 있었다. 어릴 때의 편협한 시선과 완성되지 않은 가치관으로 결정한 꿈을 여러 상황, 공간, 사람을 통해 수정될 수 있는 기회로 제공했기 때문이다. 이 책을 쓰면서 홈스쿨링에 대해 정식적으로 알아보았다. 본질적으로는 정말 좋은 제도이다. 재능이 있는 학생들에게 학교라는 범위 이상의 환경에서 교육을 제공한다는 것은 매우 적절하다. 물론 누군가는 이 글을 보고 학교에서 얻을 수 있는 사회성 등에 집중할 수도 있지만 나는 홈스쿨링의 중점적인 부분이 목표하는 바는 사회성 등에 한정할 수 없다고 본다. 홈스쿨링 제도에서 누구는 도덕성, 사회성 등을 언급하는 것이 먼저라고 하지만 가장 중요한 성취는 속도. 그리고 무엇보다 중요했던 건 경제적인 범위였다. 교육이라는 단어에 미쳐 버린 우리나라에서 홈스쿨링에 평균적으로 소모되는 금액. 그 경제권 이상을 가지는 가정의 범위는 0.1% 정도라고 한다. 그래서 내가 생각할 때 국가적인 차원에서 어느정도 타협할 수 있는 시스템은 조기 졸업, 조기 진학 정도인 것 같았다.

나는 누구나 인정할 만한 재능이 있고, 어릴 적부터 확고한 의지와 당위성이 있는 사람이라면 학교를 안 다니는 것이 맞다고 생각한다. 앞서 말했듯 초등학교부터 의사를 꿈꾸며 그에 대한 특수한 재능이 있는 사람에게 12년은 너무 길다. 그런 시점에서 조기 졸업, 조기 진학은 재능이 있는 사람이라는 가정 하에 괜찮은 시스템인 것 같다. (물론 우리나라의 시스템이 긍정적이라고 보지는 않는다. 누군가 말한 도덕성, 사회성 측면에서도…)

하지만 대부분의 사람이 자신의 재능을 발견하기 위해 여러 탐색의 시간을 거쳐야 한다. 따라서 누구에게나 진로가 변하고, 인생에 대해 고민할 기회는 반드시 주어져야 한다. 나 또한 인생에 대해 고민할 기회가 많았다. 가진 꿈에 비해 상대적으로 일반적인 가정환경, 가진 것 없는 패, 생각보다 일반적이었던 내 모습, 진로가 변하고 인생을 고민하게 된 계기가 되었다.

누구나 성장하다 보면 본인의 위치에 대한, 본인의 캐릭터에 대한 정체성이 흔들리게 된다. 나는 생각보다 빠르게 정체성이 흔들렸다. 누구의 눈치도 보지 않던 시절은 그리 오래가지 않았다. 나만의 인생을,

내가 살고 싶은 인생을 살려고 노력하던 작은 아이는 세상에 굴복하는 법을 배워야 한다는 것. 그것에 좌절했다. 내가 자신 있게 말하던 "이게 맞는 것 같아"는 더 이상 내 입에서 나오는 말이 아니었다. 지하철을 신발 벗고 타지 않는 것처럼 세상의 흐름에 흘러가듯이 살아야 찾아오는 편안함을 느끼고 나서 나는 내 캐릭터가 달라지고 있음을 깨달았다. 그리고 세상의 흐름에 순응해야 편안함을 느낀다는 것을 알게 된 나에게 과거의 나는 다시 돌아오지 않는다는 것을 알게 되었다.

어릴 때는 웃음의 공백기가 없었다. 크면 클수록 내 길에 대한 확신은 없어졌다. 세상에 못 미치는 부족함을 많이 느꼈다고 생각했지만 그것은 단순한 부족함이 아닌 해소할 수 없는 갈망과 갈증이었다. 어릴 때의 작은 우물에서 벗어나서 보니 더 다양한 세상이 내 앞으로 찾아왔다.

어릴 적 15세 이상의 영화만 찾아보던 나에게 항상 감명 깊게 보여졌던 것은 히어로물이었다. 특히 스파이더맨을 좋아했는데 자유롭게 날아다니는 것에 대한 환상이 있었던 것 같다. 이외에도 당시에는 약간의 스릴러로 느껴졌던 크리스토퍼 놀란 감독의 영화 〈다크나이트 라이즈〉에서 매우 인상깊었던 장면이 있다. 어린 나이에 다른 히어로물은 단순히 "멋있다"로만 해석했는데, 이 장면은 당시에도 내용적인 의미가 와닿았었다. 악당 역할인 베인에 의해 우물 감옥에 있던 배트맨이 밧줄이라는 안전장치를 풀고 죽음이라는 공포를 마주하며 우물에서 나올 수 있게 되는 메시지 있는 장면이 있다. 영화에서는 공포를 뛰어넘고 방출되는 초인적인 힘에 대해 이야기하고 있다. 나는 어릴 적 나 잘난 맛에 취해 살다가 그 작은 공간에서 세상을 알게 되며, 작은 우물을 나올 수 있게 되었다. 다양한 세상을 마주하고 보니, 정말 일반적이고, 못 하는 것도 허다한 기대 이하의 사람이었다. 세상 밖으로 막 나온 나는 공포라고 하기는 거창하지만 철없던 시절을 지나 어느 순간 갑자기 다양한 길이 내 앞에 생겼다는 것이 가장 당황스러웠다. 밧줄을 던져 버리고 우물 밖으로 나올 용기도 생각도 없이, 어쩌다 보니 시간이 되어서 물이 차올랐고, 그 물에 휩쓸려 나온 세상을 마주하였다.

  내가 마주한 길들은 끝이 안보이고, 가파르고, 무너져 있고, 때로는 끊어져 있어 돌아가야 했다. 게다가 그 길을 나 혼자 갈 수도 없었다. 세상에 나 혼자 있는 것이 아니었다. 세상에 존재하는 틀 안에서 적응해야 했고, 그 틀에 적응해야만이 그 길을 걸을 수 있는 기회를 부여했다. 중요한 것은 내가 걷고 싶은 길이 많지도 않았다. 하지만 모두가 걷는 길이었고, 빠르게 적응하여 따라가야 했다. 나라고 걷지 않을 수는 없었다. 세상에 존재하는 틀 안에 빨리 적응한 사람이, 차분히 따라가는 사람만이 그 길을 효율적으로 지나갈 수 있었다. 그런 세상의 틀 중 하나가, 처음 맞아들인 틀이 학교였다. 그리고 영화의 주인공인 배트맨과 달리 나는 몸에 묶인 밧줄을 풀고 뛰지 않았다. "어쩌다 보니" 맞닥뜨린 세상에서 공포를 뛰어넘을 새도 없었고, 초인적인 의지는 나올 수가 없었다. "그러다 보니" 마주한 학교라는 공간에 적응하지 못하였던 것 같다.

내가 받아들인 처음의 학교는 이해가 가지 않았다. 물론 우리집이 부유해서, 대통령과 영부인의 자식이어서, 재벌집 막내아들이라서, 자녀교육을 위해 유학을 보낼 정도의 집은 아니었다. 정말 일반적인 가정이고, 일반적인 학교에서, 일반적인 환경에서 유년을 지냈다. 그래서 친구들도, 주변환경도 그저 일반적이었다. 특별함에 강박이 있던 나는 학교가 이해가 가지 않았다. 저마다의 생각이 있는 아이들에게 생각할 시간은 주어지지 않았다. 한 공간에서 아이들의 생각은 무시한 채 획일화된 교육이 진행되었다. 아이들은 개성 있는 생각을 하는 친구를 가볍게 여겼으며, 그게 중요한 생각인지 인지하지 못하도록 만들어졌다. 아이들의 기회를 뺏었다. 그렇다고 획일화된 교육의 수준이 높았는가? 아니다. 그저 그런 교육을 받으며, 어릴 때부터 우리는 학교에 대한 반감을 키웠다. 아니, 교육에 대한 반감을 키웠다. 주변 친구들 중에 게임을 좋아하는 친구가 얼마나 될 것 같은가? 반대로 공부를 좋아하는 친구는 얼마나 될 것 같은가? 학교의 문제다. 어릴 때부터 우리는 세뇌당했다. 일반적인 삶. 일반적인 환경에서 자라는 삶. 일반적인 사람이 되는 방법. 우리는 그걸 배웠다.

나는 그 길을 걷고 싶지 않았다. 그 길을 걸어야 할 필요성을 느끼지 못했다. 적어도 그 길에서 내 캐릭터가 사라지질 않길 바랐다. 하지만 그 길 안에서는 캐릭터를 원하지 않는다. 본인의 캐릭터보다 획일화된 캐릭터를 강조한다. 옛날부터 바뀐다고 하지만 아직까지도 바뀌지 않고 있는 것이 현실이다. 그리고 그 길을 12년간 걸어야 한다는 걸 알고,

내가 그 통제된 틀 안에서 12년을 있어야 한다는 것에 얼마나 좌절했는가. 무서웠다. 내가 가진 능력이, 생각이, 고민이 없어질까 봐….

나는 그 길을 걷기 시작했다. 그 길을 점점 걸으면 걸을수록 웃음의 공백기가 생겼다. 현재까지 인생에서 가장 불필요한 시간을 제외할 수 있다면 나는 두 가지를 고를 것이다. 첫 번째가 고민에 쓴 시간, 두 번째가 웃음의 공백기이다. 이 두 가지의 시간은 상보적이다. 고민에 쓴 시간이 늘어날수록 나도 모르게 웃음의 공백기가 생겨난다. 그리고 나도 모르는 사이에 웃음의 공백기는 스스로를 잠식시킨다. 그러다 보면 어느 순간 뒤돌아볼 때 갑자기 사라진, 허비되어 버린 아까운 시간들을 보게 될 것이다. 그래서 나는 살아온 시간 동안 가장 불필요한 시간이 앞선 두 가지라고 생각한다.

그래서 나는 웃음의 공백기가 생겼다. 내 길이 어딘지 확신하고부터, 그런데 가는 길에 통제된 틀이 존재하고, 그 틀 안에서 많은 시간을 갇혀야 한다는 것에서, 그리고 우리 집에서 내가 스스로 일어나야 하는구나라는 것을 깨닫고 난 뒤 부터였다.

우리 집은 가난하지 않다. 부모님은 열심히 일하신다. 형과 나 포함 4가족은 모두 사랑으로 자랐다. 하지만 부유한 집안은 아니다. 부모님이 남들보다 10년 정도 늦은 나이에 결혼하셨고, 그래서 나는 집에 기대어 있는 시간이 길면 안 될 것이라는 생각을 했다. 어려서부터 빨리 크고 싶었고, 빨리 커서 원하는 위치에 서고 싶었다. 부모님이 고생하시는 게 보였다. 늦은 나이에 어린 자식 키우겠다고 남들 쉬는데 열심히 일하시는 게 보였다. 남들은 주말에 골프 치러 나가고, 놀러가는데 부모님은 쉬지 않고 일하셨다. 항상 우리를 먼저 챙기고, 당신을 희생하는 모습이 보였다. 그래서인지 나는 철이 일찍 들었던 것 같다. (본인 입으로 철들었다고 하는 게 뭣 같아서 조용히 하겠다.) "빨리 크자. 일찍 독립하자. 스스로 벌어먹자. 짐 되는 시간을 줄이자."라는 생각을 늘 하며 살았던 것 같다. 이때 나는 상당히 복합적으로 웃음의 공백기를 맞이했다. 하고 싶은 게 많은 때였다. 하지만 하고 싶은 모든 것을 다 할 수 없다는 것을 알고, 그리고 하고 싶은 모든 것을 하기 위해서는 적당한 위치에 올라가야 하는 것을 알고, 그 위치에 올라가려면 통제된 틀 안에서 어느 정도의 희생이 따라야 한다는 것을 느끼며, 웃음이 점점 사라졌다. 이때부터 사회에 대해 알게 되었다. 내가 어떤 것을 성취하고자 할 때, 물질적인 자원은 필연적이었다. 그 물질적인 자원을 얻기 위해서는 나는 반드시 이상적인 위치에 있어야 했다. 나는 이상적인 위치에 있지 못했다. 그렇다고 우리 가정이 이상적인 위치에 있는 것도 아니었다. 그리고 그 이상적인 위치에 도달하기 위해서는 나만의 캐릭터도 물론 중요하지만, 남들과 같은 길을 걸을 수도 있어야 한다는 것, 그게 더 중요하다는 것을 배웠다.

 이 시절, 성공한 사람의 기준을 스스로 정리했다. 내가 하고 싶은 일을 통해 돈 많이 버는 사람이었다. 지금 내가 생각하는 성공의 기준은 내가 받은 고마움에 보답하며 살 수 있는 사람이다. 근데 그때나 지금이나 성공의 기준에서 변하지 않는 사실이 있다. 단순히 돈을 많이 벌든 고마움에 보답하든, 돈이 없는데 되는 건 없었다. 물질적인 가치는 행복이랑 연관이 없을 수 없다. 그리고 행복과 성공은 연관이 없을 수 없다. 그래서 나는 그 시절, 내가 바라는 성공에 대해, 많은 희생이 있어야 되고, 그냥 불필요한 여러가지 조건들에 대해 실망했던 것이다.

  그러다 보니, 나는 세상에서의 특수성에 대해 집중하게 되었다. 당시에는 단순하게 남들보다 한걸음이라도 앞설 수 있다면 특수성을 가진 사람이라고 생각했다. 사실 사회에서 인정하는 특수성은 그게 아니었지만 당시의 normal한 세상 속의 나로서는 단순히 앞서 나가야 한다는 것으로 밖에 이해할 수 없었다. '나는 남들보다 공부를 잘한다', '영재성을 입증받는다', '대회에서 수상한다' 등 그저 앞선다는 것에 집중했다. 그게 학교를 싫게 만든 이유라면 이유다. 어쩔 수 없이 어릴 때부터 경쟁하는 분위기를 조성했고, 나는 그 환경에 과몰입한 1인이 되어 버렸다. 남들보다 앞서기 위해 더 많은 것을 성취하려 하는 과몰입형 인간이 되어 매사에 몸을 던졌다.

  앞서 말했듯 나에게는 형이 있다. 지금 보면 형은 같은 환경에서 반대의 삶을 살아왔다. 형은 어릴 때, 일반적인 가정환경으로 인해 얻지 못한 것에 대한 트라우마를 가졌다고 말하며, 그로 인해 본인의 가정에 대해 그렇게 좋지 않은 시선을 가지고 있다. 그리고 그것을 빠르게 탈피할 수 있는 방법이 통제된 틀을 통한 성취였고, 시험, 학교, 제도와 같은 틀에 적응하여, 지금도 사관학교라는 공간에 있다. 이유는 모르겠지만 틀 안에 적응하면서 유연함이 사라지고, 제도에 맞게 인간성이 결여된 부분이 많아졌다. 그래서 그 틀에서 벗어나는 인간들을 매우 기피하며, 본인의 위치에 대한 자부심으로 남들에게 좋지 않은 언사를 자주한다. 예전에는 서로를 필연적으로 응원하는 사이였지만 지금은 서로의 삶에 대해 물음을 가지고 있다. 물론 그렇다고 사이가 좋지 않거나 응원을 기피하는 관계는 아니다. 그저 한 공간, 같은 환경 내에서도 다른 관점으로 살아갈 수 있다는 것을 말하고 싶다. 나는 학교를 기피했고, 적응이란 자체를 거부했다. 학교라는 시스템은 사람을 망칠 수밖에 없고, 그 시스템으로 학생이 받는 이익에 대해 설명할 수 없다고 생각했다. 하지만 학교라는 공간을 통해서만 성취할 수 있다고 생각한 사람은 그런 시선을 가진 사람을 이해하지 못하는 것은 물론, 학교를 벗어날 생각은 절대 못 하더라.

　내가 장애가 있어서 학교에, 사회에, 즉 통제된 틀에 적응하지 못하는 것은 아니다. 하지만 기본적으로 남들과 같은 길을 걸어야 하는 것을 무의미한 시간으로 생각했다. 이상적인 위치에 도달하는 사람은 모두 본인의 캐릭터가 있었다. 하지만 왜 우리나라에서는 본인의 캐릭터가 없는 사람을 만들고 그 속에서 성공을 요하는 건지 이해가 가지 않았다. 그리고 무엇보다 그 길에서 나는 남들의 시선을 의식하기 시작했다. 나는 그렇지 않은 사람이었다. 누구 앞에서도 꿀리지 않는 자신감을 가진 놈이었다. 하지만 남들과 같은 길을 걷는다는 이유만으로, 남들의 시선을 의식하게 된다는 것, 그것이 나에게 가장 큰 손실이었다. 무작정 나의 선택으로, "이게 맞는 것 같아"로 움직일 수 있던 행동력은 어느새 남들을 의식하고, 남들이 어떤 공부를 하느냐로 앞길을 판단하고 있었다. "나도 이런 공부를 해 볼까?" 처럼 일반적인 흐름을 따라가고 있었다. 내가 할 수 있는 능력을 제한하고 나만의 능력에 울타리를 만들고 있었던 것이다.

그래서 나는 나만의 희소가치에 대한 분야에 집착하는 수준까지 갔었던 것 같다. 그 길에서 나만의 캐릭터를 잃어버리는 게 싫었다. 그저 똑같은 애들의 똑같은 삶을 살아가는 게 싫었다. 옆에 있는 친구한테 물어보면 그랬다. 일단 본인의 인생을 자의적으로 해석할 수 있는 사람이 줄고 있었다. 모두가 그저 흘러가는 삶을 살며 도전해 보지 않은 분야에서 막연한 성취가 있을 것이라 기대하고 있었다. 의식 자체가 실종이었다. "그럼 근본적으로 뭐 때문에 사는 건데, 뭘 이루고자 사는 건데?" 인생을 바라볼 때 주도적인 삶을 사는 친구들은 얼마 되지 않았다. 나는 그 이유가 우리가 어려서부터 통제된 틀 안에서 세뇌당했기에 한 번도 주도적인 생각을 해 본 적이 없기 때문이라고 생각한다. 그래서 그들과 같은 사람이 되기 싫었다. 똑같이 내신공부를 해도, 난 다른 특이점이 있어야 했고, 똑같이 수행평가를 해도 난 다른 특이점이 있어야 했다. 그러다 보니 일상적인 친구들이 내신공부 하고, 학원 다니는 그런 삶과는 많이 다른 삶을 살게 되었다.

앞선 생각은 내 삶에 많은 부족함이 있어서 그 결핍을 채우기 위해 내가 가진 생각일까? 그런 것은 아니다. 나는 항상 하고 싶은 걸 이루며 살았다. 부족하지도 풍족하지도 않은 일반적인 가정환경에서 다행

히도 부족함 이전에 배운 단어는 풍족함이었다. 하지만 누구에게나 그렇다고 채워질 수 없는 마음속의 부족함은 존재한다. 그리고 나는 그걸 다른 이들보다 좀 더 일찍 느꼈을 뿐이다. 남들이 놀러 가는 시간 보다 남들이 이룬 성취와 얻어낸 성과에 대한 방법에 관심을 가졌다. 다른 가정에 비해 조금 일찍 느꼈고, 조금 빨리 움직였을 뿐이다. 누구나 군대를 갔다 오고, 인생의 터닝포인트를 지나면 하게 되는 생각이다. 그래서 일찍 자립에 대한 생각을 했었다. 누구보다 빨리 성공하고 싶었고, 누구보다 빨리 성장하고 싶었다. 그래서 나는 20대가 성공플랜에 대한 열린 길의 첫 시작이 될 것이라 생각했다. 많은 기대를 했었다. 내가 생각하는 성공, 도움을 베풀 수 있는 위치, 그 시작이 20대에는 어느 정도 이뤄질 기미가 보일 것이라고 생각했다. 그리고 일찍이 더 빠른 시간을 살려고 하는 나의 마음 속에는 점점 조급함이라는 단어가 새겨지게 되었다.

또 하나, 어릴 때부터 돈에 민감했다. 내가 생각하는 이상적인 위치에는 물질적인 자원, 돈이 존재했다. 이상적인 위치에 있는 사람은 일반적인 사람과는 돈에 대한 시선이 달랐다. 돈을 쓰는 방법이나 돈을 써야 하는 가치관 등에 차이가 존재했다. 그렇다고 어린 내가 그것을 알아챘다는 것은 아니다. 그저 나는 돈 쓰는 것을 즐기지 않았다. 외적인 나를 꾸미고, 치장하는 데 돈을 쓰는 것에 의미를 두지 않았다. 내면을 가꾸기 위해 돈을 써야 하는 법을 배웠다.

돈에 민감하다는 것은 긍정적인 면과 부정적인 면을 모두 가지고 있다. 그리고 두 장단점이 모두 극명하다. 누군가는 긍정적인 면을 부각할 수도 있고, 누군가는 부정적인 면을 부각할 수도 있다. 나는 긍정적인 면을 강조하고 싶다. 하지만 나와 같이 살아온 형은 부정적인 면을 강조하더라. 이처럼 살아온 인생에 따라 돈은 긍정적인 시선으로 남을 수도 부정적인 시선으로 남을 수도 있는 것 같다. 나에게 있어 긍정적인 면은 돈에 민감해야 스스로 쉬지 않을 수 있다는 점을 배운 것이다. 돈 쓰는 것에 무뎌진 사람은 내가 하는 소비에 익숙해진다. 그렇게 되면 내 삶의 움직임이 둔해지고 일정한 패턴 속의 만족감을 느끼게 된다. 더 나아가려 하지 않는다. 시도하는 삶을 바라만 보는 삶이 되는 것이다. 그래서 나에게 있어 돈의 민감함은 쉬지 않아야 한다는 점을 배운 것, 사람은 쉬고 있을 때 가장 멍청해진다는 것, 그것을 배운 것이 가장 긍정적인 면이다. 하지만 긍정적인 면의 부정적인 면으로 쉬지 않아야 한다가 필수 불가결해진다면 불행한 삶이다. 삶에는 휴식이 필요하다. 몸이 쉬고 있어도 정신적으로 쉬지 않는다면 그건 지속적인 업무를 수행 중인 것이다. 나는 몸이 쉬는 기회는 많이 만들었다. 하지만 정신이 쉬는 기회를 만드는 법을 배우지 못했다. 그런 점이 스스로 조급함이라는 단어를 배우도록 하였고, 나를 괴롭히게 만드는 상태에 이르렀다. 그게 내가 생각하는 돈의 민감함에서 가장 부정적인 면이다. 항상 쉬고 있으면 불안해했고, 쉬고 있는 자신을 보면 움직여야 한다는 생각을 하게 되었다. 그리고 그 모습이 결국 내 자신에게 화가 되어 내 스스로를 해치게 만들었다.

어릴 적, 매우 낙천적이고 걱정 없이 사는 평범했던 어린이는 자라면서 이상적인 위치에 도달하기 위해 사회에서의 물질적인 중요성, 돈이라는 개념을 알게 되었다. 그와 함께 본인의 캐릭터가 존재해야 살아남는다는 강박을 가지게 되었다. 그저 평범한 아이들처럼은 살고 싶지 않다는 생각으로 이것저것 시도했다. 하지만 학생들 사이에서 나만의 캐릭터성을 갈구하고, 내 스스로의 자립을 위해 스스로에 대한 틀을 만들며 무너져 가는 자신을 볼 수 있었다. 평범했던 어린이는 그렇게 뚜렛 인간이 되었다.

나는 단순하게 돈을 벌기 위해 강박을 가졌다고 할 수는 없다. 내가 원하는 삶을 일찍 발견했고, 그 삶에 돈이 존재했던 것뿐이다. 게다가 자라면서 내가 생각하는 성공을 위해서, 그 과정에 대한 성공을 위해서, 보다 빨리 움직이고, 남들과 똑같은 삶을 살아가는 것은 멍청한 짓이라는 것을 알아버린 것이다. 그래서 남들과 다른 삶을 위해, 사회라는 생태계에서 경쟁력을 갖추기 위해 무언가를 하려고 했다. 현재까지 내가 생각하는 삶의 가치관은 "후회와 미련 없이 살면 고통의 순간 두려움이 사라진다"이다. 누구에게나 찾아오는 고통과 두려움의 순간에 내가 과연 후회와 미련을 가지고 살았더라면 그저 남들과 같은 삶이라는 틀에 갇혀 움직이지 않은 나 스스로를 보고 있는 내가 되는 것이라고 생각한다.

그래서 나는 그저 일찍 성공해서 나 스스로에게 떳떳한 삶을 살고 싶었다.

인생의 가치관은 이렇게 결정이 되었다. 남들보다 앞서기 위해 남들과 다른 길을 걷고 싶었고, 다른 길을 걸어서 큰 성취를 보고 싶었다. 그래서 돌아보았을 때, 어릴 적 가진 패 없이 꾸던 꿈을 가지고 선택했던 여러 결정들에 대해 후회가 남는 결정들이 존재하게 되었다.

기억에 남는 결정, 후회가 남는 결정을 처음 했던 건 중학교 때이다. 나는 그 이전까지, 그냥 튀는 아이 정도였다. 일반적이지 않고 남들과 생각이 다른 아이, 그래서 나에 대한 정보를 스스로 많이 인지하고 있지 않았다. 초등학교~대학교까지 나는 생각 없이 사는 친구들이 가장 싫었다. 내 옆에는 허황된 생각이어도 꿈을 가지고 사는 친구들이 많았다. 당장 1~2년의 플랜부터, 10년 정도의 플랜을 가지고 사는 친구들이 많았다. 하지만 상위학급에 올라가면서 점점 그 생각을 가지고, 비전을 가지고 사는 친구들이 적어지는 것을 발견했다. 앞에 놓인 시험 문제 풀기에 급급하고, 내가 무엇을 하고 싶은 지 알아가려는 친구들은 적어졌다. 대학교 때는 달라질 줄 알았으나, 아니었다. 그래서 나는 중학교 때의 결정이 더 기억에 남고, 후회가 남는다. 내가 만약 다른 곳에서 시작했더라면, 그때 결정이 바뀌었더라면 어땠을까라는 후회.

중학교 때의 결정은 고등학교 진학에 관련된 일이다. 나는 중학교 시절 특이한 학생이었다. 남들보다 과학을 많이 좋아했다. 당시에는 과목으로 평가되는 과학도 좋아했고, 과목 이외에 대회나 연구 등으로 평가되는 과학도 좋아했다. 그리고 잘했던 것 같다. 지금 보면 TV에 나올 정도의 특출난 재능이 있었는가? 라는 질문에는 후자의 과학에서 "예"

라고 답할 수 있을 것 같다. 주변에 있는 모두가 알고 있을 만큼 일반적인 학생보다는 많이 좋아했다.

내가 중학교 때 친구들의 분위기는 그랬다. 많은 가정이 자녀가 과학을 좋아한다고, 잘한다고 말하면 3순환으로 영재반 입시학원 보냈다. 방과 후부터 저녁까지 과학고, 영재고 대비학원을 보내는 것이 일상이었다. 방학에는 특강을 보내고, KMO를 준비시키며 목표를 이루도록 피를 말렸다. 하지만 우리 가정은 극성 집안이 아니었다. 나는 커서 어머니께 물어봤다. 그때 내가 학원 보내 달라고 하지 않아서 안 보내 준 거냐고…. 어머니는 영재학원의 시스템을 잘 몰랐다고 한다. 정말 필요하면 보냈을 텐데, 그 당시 그렇게 비싼 커리큘럼에 굳이 이놈을 태워야 할까라는 생각도 있으셨단다. 아버지 또한 그런 부분에서 어머니보다 더 무지하셨다. 그런데 나는 그런 부분에 감사함을 느낀다. 우리 가정은 타 가정과 달리 자녀교육에 자유를 주는 편이었다.

그래서 우리가 원하면 학원에 보내 주셨지만 당시에 나는 학원에 가고 싶지도 않았다. 내가 혼자 생각하고 원하는 공부를 찾아가는 게 좋았다. 그래서 스스로 시작했다. 처음 시작은 책이었다. 초등학교 때 집에 있는 과학 잡지, 과학도서에 나오는 실험이란 실험은 다 해 보았다. 실험 재료를 구하기 위해 철물점, 고물상, 근처 마트 등에 수시로 방문했고, 나중에는 단골이 되어 찾아가면 물건을 알아서 떼 주실 정도였다. 그리고는 유튜브 같은 매체에서 보다 다양한 실험을 했다. 처음에는 몰랐기에 그냥 책에서, 영상에서 나오는 재료들을 이용해서 만들고 따라 하는 정도였다. 중학교에 올라가면서 더 구체화된 프로젝트를 하고 싶었고, 그때부터 나는 실생활에서 가장 쉽게 접할 수 있는 회로에 대해 관심을 가지게 되었다.

당시에는 지금처럼 과외 시스템이 발달하지도 않았고, 내가 필요하다고 선생님을 마음대로 붙일 수 있는 여건도 되지 않았다. 그저 회로가 좋으면 책 사서 읽고, 부품 사러, 전선 사러 다니고, 만들고, 공부하고 그랬다. 난 그게 재미있었다. 그리고 주변 친구들은 내가 그런 취미를 가진 것을 잘 알고 있었다. 그리고 그런 연구를 통해 교내외 대회, 영재원 등을 수행하며, 수과학에서 스스로 흥미를 찾아갔다.

중학교 때, 구체적으로 회로이론에 관심을 가지게 되었다. ZVS 컨버터를 제작하고, 유도가열 분야에 적용해서 온실 난방 효율을 상승시키는 연구 프로젝트를 진행했다. 3년 정도를 연구하여, 최종적으로는 온수매트 분야에 ZVS 유도가열을 적용하였고, 극세관 모듈화 가열 방식으로 기존 방식보다 효율을 크게 상승시킬 수 있다는 결론을 산출했다. 연구의 시작이 중학교 때였는데 정말 좋아해서 시작했고, 좋아하며 끝났다. 실험 데이터를 뽑기 위해 밤을 새고, 약 500번의 동일한 실험을 반복했다. 북한이 무서워서 침공하지 못한다는 중 2때의 겨울방학은 앞선 연구로 가득 차 있었다. 그리고 성과가 좋았다. 물론 이전까지 성과를 보고 수행한 연구는 없었다. 그저 좋아서 한 연구였기에 교내대회 정도의 상도 만족이었다. 하지만 본 주제로는 전국대회에서 장관상을 받을 수 있었다.

그래서 처음 전국 전람회를 경험해 보았고, 더 큰 세계를 체험해 보았다. 나는 단순히 좋아서 한 연구인데, 전국에 있는 비슷한 성격의 친구들을 만날 수 있었고, 같이 이야기할 수 있었다. 연구를 위해 연구비도 챙겨 주었고, 지도교수도 붙여 주었다. 그동안의 좁은 울타리를 벗어나 넓은 공간에서 새로운 시야를 얻게 되었다. 내가 전기전자공학을 전공하고 싶다고 확신한 계기도 이 연구로부터 시작된다.

난 그래서 우리 가정에 감사했고, 많이 느꼈다. 시 단위 대회에 나오는 친구들은 학원에서 만들어서 나올 수 있었다. 하지만 전국 단위 대회에는 무엇보다 본인의 능력이 중요했다. 생김새부터 달랐다. 학원을 얼마나 다니느냐는 수상의 기준이 되지 못했다. 우리 가정은 교육에 자유를 주는 편이었고, 그래서 학원을 다니는 친구들에 비해 이런 생각을 요하는 분야에서 좋은 성과를 얻었다고 생각한다. 물론 재능 있는 친구가 어느 정도의 학원 도움을 받는 다면 더 큰 성과를 가져올 수 있기에 그것은 찬성이다. 결론은, 생각할 시간을 만들 수 있었던 것이 중요했다. 자유로운 상상을 할 시간이 주어진 것이 매우 중요한 key point였다.

그와 함께 나는 조금 우매한 착각을 시도했다. 내가 해 온 성과는 확실하게 수과학에 흥미와 재능이 있는 사람만이 할 수 있는 것이라고 생각했다. 당시에 물론 수학 성적이 낮았다. 그걸 간과했고, 나중에 애먼 곳에서 맷돌을 굴리게 될 것이라는 생각은 하지 못했다. 하지만 전체적인 수과학 성적을 보았을 때 그렇게 나쁘다고는 할 수 없었다.(어느 정도 크고, 성취를 바라면서 돌아보니까 스스로를 판단하는 기준의 잣대가 너무 낮았다) 그래서 학원으로 준비하고 있는 학생들처럼 이공계 최상위의 영재고에 지원하게 되었다. 정말 별다른 준비 없이 지원하였다. 당시 활동 중심의 서류심사 덕에 서류심사는 가볍게 통과했다. 하지만 준비가 안 된 나는 2차 시험에서 떨어지게 되었다. 여러 자기 주도적인 탐구활동을 지속했지만 정형적인 수과학 공부에 매진하여 영재고를 준비하지는 않았다. 영재고에서 창의적인 인재를 원하는 것은 맞지만 결국은 학교였고, 학교는 정형화된 공간이었다. 영재고라고 달라지지 않는다. 아무리 튀는 재능이 있다고 생각할지라도 누구나 그런 재능을 가진 공간에 들어가려면 기준 이상의 정형화된 공부를 할 수 있는 사람이어야 한다. 난 그게 부족했다. 작은 틀 안에서만 놀았고, 처음 본 세계에 맛을 들여 영재고 정도의 수준으로 나를 끌어올렸다. 빠르게 지은 성이 한번에 무너지듯 객관적인 평가에서 나의 부족함이 잘 밝혀졌을 것이다.

당시 선생님들은 초등학교때부터 내가 다양한 활동을 했고, ZVS 연구뿐만 아니라 전기전자에 대한 많은 공부 및 연구를 해왔으니 일반계고 보다는 과학고를 지원해 보라고 하셨다. 당시에 다니던 중학교에서 과학고는 많이 보냈었기 때문에 과학고를 가는 데는 크게 어려움이 없을 것이라고 하셨다. 하지만 어린 시절의 나는 그게 자존심을 더 긁었던 건지 많은 선생님들의 권유에도 불구하고 일반계고에서도 충분히 활동을 지속할 수 있을 것이라 안일하게 생각했다. 그리고 나는 과학고에 입시원서 써 주신 선생님의 의견을 거절하고 일반계고에 입시원서를 작성하였다. 그것도 똥통학교를… 이게 내 인생에서 그때 만약이라는 첫 번째 물음을 가지게 하는 일이다.

  결론적으로 그렇게 들어간 일반계고는 똥통학교 중에 똥통학교였다. 내가 말하는 똥통학교는 학교 물리적인 상태가 개판, 이런 것은 문제가 되지 않는다. 이런 것을 떠나서 교사, 학생 등과 같은 학교 분위기를 말하는 것이다. 일단 교사들이 제일 문제였다. 정말 처음 보았다. 그런 마인드를 가진 교사들이 존재한다는 것을. 그리고 그 마인드가 상당수를 차지하는 학교라는 것을. 일단 교사들끼리의 파벌이 있었다. 무리 지어 싸웠고, 세력다툼이 존재했다. 그 세력다툼으로 인해, 파벌로 인해 학생 세특을 적어 주지 않는다거나, 기한을 어긴다거나, 학교 프로그램에 불성실하게 참여한다거나, 학생들이랑 기싸움을 한다거나, 생기부를 여럿 망친다거나, 일부러 생기부를 뭣같이 적는다거나, 정말 수도 없는 불미스러운 일이 일어났다. 또한 교사 간의 왕따를 만들고, 정치 색으로 싸우거나, 전교조는 일상이었다. 교장은 일을 하지 않았고, 교감은 일을 키우기 싫어했다. 수업하기 싫어하는 교사들은 넘쳐났으며, 수업시간에 들어오지 않고, 축구를 하거나, 헬스를 가거나, 머리를 자르러 가는 교사들도 있었다. 교사들은 권위적이었다. 자신의 수업에 반기를 들면 극렬히 발작했다. 나는 그 권위적인 교사들을 매우 기피했는데, 물론 4060시대에서는 당연하게 벌어졌을 수도 있는 일이기에 내가 이상하게 보여질 수도 있었다. 하지만 4060의 대표자 격인 대부분의 학부모들도 내가 다닌 학교는 기피했다. 특히 내가 기피했던 화학교사들이 있는데 하나는 유난히 학생들의 반감을 사기 위해 노력했고, 나머지 하나는 학생들에게 어떻게든 본인을 포장하려고만 노력했다. 그리고 그들은 나와 굉장히 부딪혔다. 물론 좋은 교사들도 있었다. 내가 유럽여행 다음 날 그 학교의 어떤 교사를 위해 결혼식에 참석하고, 아직까지도 어떤 교사를 만나면 2시간 넘게 이야기를 할 수 있다는 것은 좋은 교사도 있었기에 가능한 일이다. 하지만 그때는 묻혔다. 그들이 미안해져야 할 이유이다. 그 공간에서는 좋은 교사가 평범하지 못했다. 끼리끼리의 대혈투가 발생하는 공간에서 하루 사이에 적이 되어 버리는 그 공간은 서로를 물어뜯었다. 더 뭣 같은 건 일반계 사립고라는 이유로 일체 태클이 들어오는 경우도 없었고, 개선의 여지가 보이지도 않았다. 내가 물음을 가지고 선택을 한 공간은 최악의 악이었다.

  그 공간에서 교사에 대한 마인드가 많이 바뀌었다. 나는 나이에 대한 개념을 존중한다. 나이가 많은 사람은 나이가 적은 사람에 비해 절대적으로 많은 경험을 하게 된다. 그래서 나는 나이가 많은 사람에 대해 조언을 하거나 말을 거는 것을 조심스럽게 생각한다. 나보다 먼저 경험했던 분이 어린 사람에게 조언을 듣는다는 것이 웃기지 않은가? 그래서 나는 예의라는 것이 당연하게 차려져야 할 태도라고 생각한다. "선생"의 의미 자체가 먼저 태어난 사람이다. 교사는 나보다 절대적인 나이도 많고, 직위적으로 인생의 경험을 압축적으로 진행하여 학생들에게 좋은 길을 인도하는 사람이라고 생각했다. 그래서 나는 교사의 말에 저항하려고 하지 않는 경향이었다. 뭣 같아도 절충했다. 그래서 고등학교 이전까지 교사와의 트러블이 크게 있었던 적이 없었다. 존재했어도 반드시 해결하고 넘어갔기에 문제가 되지 않았다. 하지만 그 똥통학교의 교사들은 절대적인 나이고 뭐고, 그냥 존중 자체가 불가였다. 자신들의 그릇된 가치관과 삶을 강요하고, 변하는 세대를 따라가지 못하였으며, 좋지 않은 선례를 강조했다. 그게 가장 큰 마인드의 변화를 불러왔다. 현재 내가 생각하는 교사는 편의점 직원 정도다. "내가 필요한 물건이 있어서 구매 원할 때 바코드를 찍고 물건을 살 수 있도록 도와주는 정도, 그마저도 무인으로 바뀌어 필요가 없어지는 상태" 딱 그 정도다. 물건을 구매하기 위해 그 사람들과 인연을 나눌 필요도, 가까워질 필요도 없다. 나에게 교사는 그 정도의 존재로 바뀌었다.

그렇다고 모든 교사가 싫다는 것은 아니다. 인생에서 정말 크게 도움을 받은 은사님이 있다. 존경하고 또 존경한다. 우리 가정에서 "로봇쌤"이라고 불리는 은사님은 내 유년시절 내가 하는 프로젝트들에 피드백을 도와주셨던 분이다. 진짜 만능에 가까우시고, 모든 활동에 봉사하시는 분이셨다. 현재는 귀농하셔서 연락을 뜸하게 드리고 있지만 내가 삶에서 생각하는 가장 큰 은사님이다. 두 번째 은사님은 똥통학교에서 만난 제일 큰 인연이다. 그리고 내가 교사에 대한 극렬한 반감을 가지게 된 계기이기도 하다. 내가 영재고에서 떨어지고 과학고에 지원하지 않았던 것은 당시 형의 담임 교사였던 두번째 은사님의 이유도 있다. 입학 이전, 학교 배정 이전임에도 불구하고 내가 하는 연구에 관심을 가지고 지도교사를 맡으셨다. 덕분에 입학 이전에 학교를 들락거리며 학교에서 실험실을 사용할 수 있었다. 중학교보다 더 큰 시설 및 장비를 활용하며 큰 공간을 맛볼 수 있었다. 내가 혼자 하던 연구에서 조금이나마 피드백이라는 것을 할 수 있게 되었고, 상위학급을 진학해야 하는 이유를 알았다. 솔직히 대학가서 크게 실망한 이유도 아마 고등학교 진학할 때 이런 경험을 먼저 해서가 아닐까 한다.

하지만 고등학교 진학하고 얼마 뒤 두번째 은사님께서는 학교에서 훈계를 목적으로 학생들에게 교육을 하던 중, 학생들의 고발로 인해 교내에서 폭력교사로 낙인이 찍혔다. 학교에서 아무런 도움을 받지 못한 채로 학교를 떠나게 되셨다. 많은 교사들이 사실에 대해 함구하였고, 정말 뭣 같았다. 모두가 그저 빨리 문제가 해결되기만을 기다리며, 본인들의 밥그릇만을 챙기려고 어떻게든 조용히 하는 것은 학생들이 바라보기에 정말 역겹게만 느껴졌다. 나는 은사님이 잘못하지 않았다는 것을 알리기 위해 뛰어다녔지만 되레 학교에서는 나댄다는 프레임을 씌우고 더 이상의 개인적인 행동은 징계로 이어지겠다는 협박을 하더라. 그때부터가 똥통학교랑 멀어지는 시작이었다.

당시에 대회로 대학을 가겠다고 단정하지는 않았지만 지속적으로 대회를 준비했었기 때문에 지도교사가 필요했다. 대회가 끝난 상태에서 지도교사가 바뀐 것도 아니었고, 지도교사를 빨리 구해야 했다. 그래서 다음으로 학교에서 구한 지도교사는 내 인생을 바꿔 놓은 분이다. 이분이 모두에게 트러블을 조장한 화학 교사였는데 진짜 인생에서 이정도로 싫어한 사람이 있었을까 싶은 분이다. 친구들과 술자리를 가지면 가끔 장난삼아 이분과의 이야기를 꺼내는 친구들이 있다. 난 아직 장난으로 느껴질 기분이 아니다. 내 인생이 달라졌기에 일체 언급조차 역겨운 존재가 되어 버렸다.

 난 처음에 이 지도교사가 마음에 들었다. 학생들에게 잘하는 것 같았고, 그래서 내가 먼저 컨택했다. 실제로 처음에 진행하던 대회는 나쁘지 않게 도와줬다. 근데 그 기간은 그 분이 학교에 발령받고 나서 1년이 채 안 되는 적응 기간이었다는 것이 함정이었다. 어느 정도 학교에 적응이 되고 나서 진짜 모두가 인정하는 이상한 사람이 되어 있었다. 일단 무슨 이유인지 본인에게 주어진 일을 하지 않았다. 일처리에 대한 우선순위가 이상했고, 본인을 포장하기 바빴다. 그리고 뭔지 모를 자존심으로 학생들의 심기를 건드리며, 본인의 자존심을 건드리는 학생에게는 강력한 응징을 하려했다. 그런 찌질한 성격에 반해 공적인 업무 부분에서 저조한 실력으로 못하는 건지, 안 하는 건지 모를 업무 성과는 결국 저조했다. 어떨 때는 진짜 하나도 하지 않는 경우도 많았고, 본인에게 남은 일을 처리하기 싫어질 때는 남들에게 일을 미루는 것도 허다했다. 그러다 보니 많은 변명에 묻혀 살았는데, 본인이 하는 일에 대해 긍정적인 반응을 보이지 않으면 교내 네트워크 상에서 문제를 발생시켰다. 그뿐만 아니라 인성적으로 덜 된 사람이었기에 본인이 저지른 모든 만행에 대한 일체 사과는 없었으며, 본인을 챙기기 급급했다.

물론 당시 이 똥통학교 교사들이 하나같이 그 모양이었는데 그분은 적응한 것일 수도 있다. 하지만 유독 심했다. 남고에 있으면서 지속적으로 학생에게 여성우월주의 사고의 교육관을 강의하다 보니 학생과의 트러블이 많았으며, 본인이 가르치는 분야에 대해 공부하지 않았기에 애당초 지도교사를 할 수 있는 능력은 없었다. 추가적인 질문은 잘 받지 못하고, 본인 수업도 귀찮아했다. 제일 뭣 같았던 것은 학교에서 있었던 모든 일을 주변에 소문을 내는 취미를 가졌기에 대회에 대한 많은 이야기를 할 수도 없었다. 결정적으로 대회 지도교사를 본인의 폼, 실적으로 강력하게 생각했다. 절대 열심히 할 생각이 없었으며, 본인이 생각하는 범위 이상으로 노력하지 않았고, 본인의 생각에 비해 학생들이 하는 모든 일을 얕잡아 보았다.

그래도 나는 많이 참았다. 한화에서 주최하는 바라고 바라던 대회에 출품을 하며, 더 이상의 문제는 만들고 싶지 않았다. 나는 당시 학기중부터 방학때까지 교내 실험실에 갇혀 살았고, 그동안 내 프로젝트를 준비했다. 하지만 지도교사라는 사람은 대회가 끝날 때까지 단 한 번 실험실을 방문한 것이 끝이었다. 오죽하면 다른 과학 교사가 도와줄 것이 없냐고 물었고, 심지어 멘토링은 내가 알던 교내 전기 주문관님께 부탁하여 받았다. 실험실에서 필요한 대부분의 장비는 사비로 구입했고, 지도교사라는 사람은 내가 어떤 실험을 하고 있는지는 1도 모르고 있었다. 나는 그 당시 증기난방 시스템을 제작하고 있었는데 내가 증기난방기를 만드는 것, 증기난방기의 핵심원리, 증기난방기의 소재 등을 포함한 연구의 모든 것을 모르고 있었다. 그리고 내가 어떤 대회를 참여하는지, 주요 활동의 일정은 언제인지, 본인이 해야 할 일은 무엇인지도 알고 있지 않았다. 해당 아이디어는 추후 특허취득에 성공하고, 창업을 진행할 만큼 유망한 아이디어였음을 참고 바란다. 그러다 내가 죽어라 열심히 준비하던 대회의 서류제출마감 1주일 전, 중국 우한지역에서 발병한 전염성이 높은 질병에 걸려 방에 골골대고 누워 있을 때였다. 똑똑히 기억한다. "이럴 거면 지도교원 그만해 달라. 원망 안 하겠다"라는 워딩으로 말했다. 미쳐 날뛰었다. 다음 날 학교로 부르더라. 본인은 모욕적이라 이런 식으로는 지도교사를 할 수 없을 것 같단다. 남은 대회까지만 지도교원으로 등록하고 추후 활동은 기분 나빠서 안 할 거랬다. 지금까지 뭐했는지는 모르지만 결국 마감 전에 존재했던 당시 지도교사 업무도 버려졌고, 학교에 소문이라는 소문은 다 내놓았으며, 이제 학교에서 교외대회 나가는 거 막아야 된다는 식으로 여론전을 치더라. 결국 내가 열심히 준비하던 대회도 내가 원하던 실적으로 올라갈 수 없었으며, 같이 준비하던 대회 또한 우수수 무너졌다. 지나간 일이라 자주 생각하려 하지 않지만 항상 원망스럽다. 얼마 전 OTT상에 〈언젠가는 슬기로울 전공의생활〉이 등록되며, 많은 이들이 시청한 것을 보았다. 나는 이 작품 상의 '명은원' 캐릭터와 유사했던 사람으로 기억하고 있으며, 해당 캐릭터가 모두에게 반감을 살 수 있었듯이 그분도 그렇고 부적절한 일만 골라서 했더라.

 나는 이 뒤에 정신적, 육체적으로 많이 피폐해졌으며, 학교는 더 이상 내 꿈을 이룰 수 없는 공간이라고 생각하여 자퇴를 희망했었다. 완치 상태였던 틱 증상은 약 없이 하루도 버틸 수 없을 만큼 치솟아 올랐고, 몸에 이상이 생길 정도로 재발한 틱은 현재까지 나를 괴롭히고 있다. 그 상황에도 멀쩡히 학교를 다니는 그분과 학교 구성원 전체에게 눈길을 받는 나의 대비되는 삶을 보며, 자괴감에 들었다. 결국 내 인생에서 자퇴는 힘들 것이라는 판단으로 학교에 순응하며 살게 되었지만 잊을 수 없는 악몽이 되어 자주 그분의 생사를 확인하게 되었다.

그 뒤에도 대회를 준비해야 했고, 남은 대회들이 있었지만 이미 학교라는 여론 안에서 그분이 벌여 놓은 공작질로 더 이상 학교의 시스템을 사용하는 것은 불가했다. 더 이상의 대회는 어려웠고, 실험실 정도의 작은 지원도 받지 못했다. 이후의 활동은 정말 only 혼자 찾아서 하게 되었다. 솔직히 그전에도 항상 실험실 열쇠 하나 던져 놓고, 한 달 정도 뒤에 실험 데이터 뽑아 놓으면 "서류 마감 언제냐?" 이러고 있고, 일정 몰라서 다른 대회 얘기하고 있고, 정말 아무것도 해 준 게 없다. 학교가 그렇듯. 내 선택에 후회가 남는 이유이듯. 하지만 정말 1도 없다구나를 실감한 건 그때부터였다.

결론적으로는 그 다음부터는 지인의 공장을 빌렸다. 공장에서 다양한 활동을 했고, 다른 대회를 준비했으며, 대회에서 개발한 난방시스템을 이용해 특허를 취득하고, 창업활동을 이어서 하게 되었다.

나는 고등학교가 얼마나 중요한 공간인지 몰랐다. 그저 대학교를 준비하는 공간 정도인데 다들 목숨을 거는 것이 이해가 가지 않았다. 당시 영재반 3순환 학원은 매달 200~300만 원 정도의 학원비가 들었는데 과하다고 생각되었다. 가볍게 3년 때우고 대학교로 넘어갈 생각이었는데, 그 돈을 뭐하러 쓰는 것인지 이해가 가지 않았다. 하지만 고등학교를 와 보고 느꼈다. 왜 그때 목숨 걸고 열심히 이름 있는 고등학교에 가서 대접받으려고 하는 것인지. 물론 고등학교에 간다고 모든 것이 해결되는 것은 아니지만 목적이 있는 학생은 고등학교를 선택해서 가야 하는 것이 확실하다는 것은 느꼈다. 고등학교는 유년기의 가치관이 확립되는 중요한 곳이다. 좋은 환경에서 공부한다면 좋은 사람으로 좋은 공간에 갈 수 있을 것이고, 좋지 못한 환경에서 공부한다면 좋지 못한 사람으로 좋지 못한 환경에 갈 것이다. 인지하지 못했다. 나만의 캐릭터를 갈구했던 아이가 왜 일반적인 선택을 했을까? 대회를 지속할 것이라면 적합한 환경에 갔어야 한다. 사람은 환경에 적응할 수 있다. 하지만 환경은 사람에 적응하지 못한다. 나는 적합하지 않은 환경에 들어가 사람에게 환경을 적응시키려고 했다. 그게 얼마나 멍청한 짓이었는지는 경험을 통해 알게 되었다. 그리고 단 하나의 선택이 그렇게 많은 경험을 해야 얻게 되는 깨달음을 불러온다는 것도 함께 알게 되었다.

  그리고 나는 결국 성적도 실적도 제대로 갖추지 못한 미 완성의 학생으로 고3이 되었다. 뭣 같은 똥통학교에서 투쟁의 결과물은 그거였다. 혼자서 이뤄낸 결과물로는 원하는 대학에 지원할 수 있지만 결과는 확정할 수 없었다. 내가 준비했던 전형은 원래 그런 전형이었다. 특기자 전형으로 과학기술원을 희망했었다. 결과적으로 갈 수 없었다. 실적은 실적이어도 성적이 기본도 안 되었다. 그래서 나는 결국 죽전으로 유배되었다. 나의 12년은 죽전에서 다시 0으로 시작하게 되었다. 죽전에서의 삶을 내 위치에서 바라보며 단순히 실패한 인생이라고 치부하지는 않았으나, 아쉬움은 남더라.

대학을 경험한 6개월 동안 내 인생은 +의 시간보다 -의 시간이 더 길었다. 물리적인 시간은 흘러가는데 내가 원하는 시간은 멈춰 서 있었다. 나는 휴학하기 전 인생에 대한 많은 고민을 했다. 12년간 달려온 길에서 얻어낸 첫 번째 성과였던 대학은 나를 만족시킬 수 없었다. 그렇다면 대학이라는 길에서 과연 무엇을 얻어내야 하는 걸까? 사람들은 어떤 이유로 대학을 다니는 것일까? 생각했다. 나는 대학에서 내가 원하는 공부를 하고, 내가 원하는 활동을 할 수 있을 것이라 생각하며 12년을 걸어왔다. 그 뭣 같던 똥통학교에서 버틴 이유도, 자퇴를 매일 부르짖던 아이가 참고 버틴 이유도 단 하나였다. 하지만 12년을 걸어온 끝에 다다른 대학의 답변은 "우리는 그런 학생을 원하지 않습니다"로 느껴졌다. 내가 도착한 대학은 고등학교의 확장판이라고 바라볼 수밖에 없었다.

누구는 그렇게 말했다. 너가 하고 싶은 활동을 하려면 그에 맞는 대가를 치뤄야 한다고…. 그때 그들이 말하는 "대가"의 뜻은 단순한 고생이었다. "고생 좀 해. 그것도 안하고 뭘 하려고" 하지만 나는 이제 그 "대가"의 뜻을 내가 싫어하는 활동을 하지 않은 것에 대한 결과라고 생각한다. 지금 생각해 보면 내가 좋아하는 만큼의 싫어하는 활동을 했어야 내가 원하는 결과를 얻을 수 있었다. 나는 그저 내가 좋아하는 활동을 위해 싫어하는 활동은 잠시, 아니 오래 뒤처지게 하고 있었다. 그걸 알고 있음에도….

이쯤 되면 의문을 가지는 사람도 있을 것이다. 결국 지가 선택 잘못해서 학교에서 고생한 얘기네. 그래 놓고 대학 가서 학교가 싫었으면 휴학이 아니라 재수를 선택하거나 정말 노력해서 원하는 대학을 가면 되는 것 아닌가? "재수해서 카이스트 가면 되잖아"라고 말할 수도 있다. 사실이다. 하지만 당시 학교를 처음 경험하며 느낀 모든 배경에는 "학교"라는 틀에 문제가 있다고 생각했다. 물론 과기원이라면 다를 수도 있었을 것이다. 경험해 보지 않았고, 그 사실에 대해서는 나도 모르겠다.

내가 대학에 가서 느낀 것은 "학교는 원래 그랬어"이다. 대학이라는 것도 정말 별것 없었다. 나는 12년간 학교라는 체제를 좋아하지 않았다. 가장 극렬히 저항한 것은 고등학교였다. 그리고 그 고등학교와 가장 비슷한 체제가 대학교였다. 절망적이었다. 내가 1년을 더 투자해서 높은 대학을 간다고, 카이스트를 간다고 그 체제(고등학교에서 머무르는 교육방식)가 바뀔 리가 없다는 생각은 재수에 대한 고민을 아예 놓게 만들었다. 개인적으로도 1년 동안 다시 고등학교의 공부를 할 수 있는 능력이 안 되었다. 결론적으로 고등학교의 교육방식을 극렬히 저항하며 살아온 입장으로서(그래서 특기자전형으로 간 것도 있다) 재수에 대한 당위성을 찾을 수 없었다.

그렇다면 학교를 지속해서 다니거나, 학교가 아닌 내 길을 찾거나 둘 중 하나였다. 처음에 자퇴를 희망했다. 그냥 학교가 싫었다. 3년 동안 뭣 같았고, 그걸 버텨서 얻어낸 첫 성과였다. 내 공간, 내 세계를 찾을 수 없다는 결론이었다. 거기서 오는 좌절과 절망감이 가장 크게 느껴졌다. 그러나 정신을 차리고 보면 나는 겨우 6개월 학교에 있었다. 한 학기 다 녀본 새내기가 학교에 대해 100% 인지하고 있었다면 자퇴도 가능한 일이다. 100%의 인지가 대학교 = 고등학교라면 난 당연히 자퇴라는 결과를 선택했을 것이다. 하지만 나는 학교의 10%도 알고 있지 않았다. 나는 학교를 다니는 동안 새내기가 학교에서 할 수 있는 최대한의 것을 뽑아 보고 자퇴가 아닌 "휴학"이라는 결정을 선택하게 되었다.

대학교에서 본 사람들의 모습은 그랬다. 일단 근본적인 물음에 답을 할 수 있는 사람은 많지 않았다. 첫날 교양 과목이었다. 교수님이 학생에게 물어보았다. 당신은 어떤 이유로 학교에 들어왔고 학교에서 어떤 것을 얻어서 나갈 생각입니까? 20명 중 10명 이상의 학생이 취업을 위해 행동할 것이라는 비전을 말했다. 나머지는 아직 잘 모르겠다고 답했다. 취업이라는 것이, 아직 대학에서 무엇을 해야 할지 모르는 것이 잘못된 것은 아니다. 하지만 대부분의 사람들이 생각하는 지향점이 비슷한 것은 확실했다. 무난히 학교생활 하며 좋은 데 취업해서 평범하게 살아가는 것이었다.

사람들은 모두 학점관리, 취업을 위해서만 노력했다. 진짜 앞으로 내가 살아갈 방법에 대해, 무엇이 내 삶을 이끌 수 있는가에 대해, 내가 평생 어떤 일을 할 수 있을지에 대해 등 근본적인 삶을 고민하는 사람은 볼 수 없었다. 고등학교의 모습을 보는 것 같았다. 상위 학교에 진학하기 위해 "내신"이라는 특수성만을 고집하고 그 속에서 경쟁하며 다른 길을 쳐다보지 않는 그런 친구들의 모습이었다. 고등학교 때 "내신"이라는 특수성 대신 나만의 길을 택했다. 대회를 하며, 내가 하고 싶은 활동을 하며, 그 길에서 진로를 찾았다. 내가 좋아하는 활동 속에서 나오는 결과물이 추후의 내 인생을 설계할 것이라는 가치관 속에 3년 동안 진로가 바뀌는 학생들 사이에서 전기전자라는 틀을 가지고 여러 성과를 가질 수 있었다.

대학에서는 사실상 학점관리, 취업 등을 고민하는 사람도 정말 상위권의 사람들이었다. 물론 3학년이 넘어간 이후의 대부분은 걱정을 하고 행동하려고 노력했다. 하지만 정말 많은 인원이 그저 흘러가는 삶을 산다는 것은 충격적이었다. 나이의 자릿수에 변동이 있는 기간에, 그 중요한 기간에 아무 생각 없이 흘러가는 삶을 산다는 것이 맞는 행동인가? 본인이 살아갈 삶에 대한 기본적인 고민은 해야 하는 것 아닌가? 참 아이러니했다. 그리고 그 집단에서는 그런 고민을 가지고 산다는 걸 부정하는 분위기였다. 그저 흘러가는 삶을 살길이라는….

이때 정말 많은 대학생과 이야기를 나누었다. 하지만 내가 생각했던 일반 대학생의 모습을 가지고 사는 사람은 한 명도 찾지 못했다. 일단 투입 대비 산출이 맞지 않았다. 본인이 중학교 때부터 한 학원에만 200~300만 원을 들여서 공부했다면 매달 벌어야 하는 금액이 어느 정도가 될지는 보이는 것 아닌가. 누구나 맹목적으로 대기업, 전문직. 이러고만 있지 다른 분야에 시선을 돌릴 생각은 없었다. 그렇다면 취업을 하고 나서는 목표가 사라지는 것일까? 인생이 안정이 찾아와서 그때부터는 흘러가는 삶을 살아야 하는 것인가? 더 비참하다. 그래서 그런 사람들의 말에 더 모순이 있게 느껴졌다. 맹목적으로 취업 취업을 외치는데 그 다음의 생각은 없었기에. 하지만 그것도 상위권의 이야기였다.

대학에서의 1학년은 정말 의문스럽다. 일단 걱정이 없어진다. 그리고 단순히 놀아야 한다는 의무성이 부여된다. 우리가 보통 새로운 기관에, 문화에, 시스템에 적응하기 위해서는 방식을 익히기 위해 열심히 리듬을 맞춘다. 그런데 대학이라는 기관은 왜 반대인가? 1학년이면 대학에 적응을 위해 열심히 리듬을 맞춰야 한다. 근데 왜 1학년은 출튀와 결석이 합법적으로 묵인되는 것이며, 교내 시스템과는 전혀 관계없는 친목 정도의 술자리와 놀러 다니는 것에 대한 강박을 가져야 하는 것인가. 내 생각으로 1학년은 학교에 존재하는 많은 시스템을 익히고, 학교에서 제공하는 프로그램 등에 참여하며, 앞으로 학교를 어떻게 다닐지 플랜을 구상하고 적응하여 학교에 리듬을 맞춰야 하는 학년이다. 단순히 놀아야 한다는 의무가 부여되어 놀러 다닐 만한 상태가 아니다. 우리가 초1 때, 중1 때, 고1 때 새로운 기관에 왔다고 1년 동안 놀아야 한다는 의무를 가진 적이 있었는가? 왜 대학에서의 1학년은 그렇게 변질된 것인가…. 의문스럽다.

나는 학생들의 의견만 "놀아도 된다"였다면 학교를 다녔을 수도 있다. 하지만 피교육인의 입장에서 교육자가 나에게 한말은 대학이라는 곳의 이미지를 완전히 바꾸어 놓았다. 나는 개강 전 당시 면접을 본 교수님께 메일을 보냈다. 원래 일반적인 수시전형이나 정시전형을 준비하던 학생이 아니었고, 특기자전형을 준비하다 보니 대학이라는 곳에 기대가 많았다. 일반계고에서는 할 수 없었던 다양한 연구와 활동을 할 수 있을 것이라는 기대가 있었다. 메일의 내용은 그랬다. 내가 그동안 어떤 분야에 관심이 있었고, 언제부터 어떠한 연구를 했다. 대학에서 보다 다양한 연구를 위해 랩실이나 여러 지원 등, 학교에서 할 수 있는 어떤 활동이 있을지 알고 싶고 앞으로 내 계획은 어떠한데 도움을 줄 수 있는가에 대한 내용이었다. 메일의 답장으로는 개강 첫날 연구 자료를 들고 교수님 방으로 오라는 내용이었다.

개강 첫날 학교에 도착하여 수업을 마치고 교수님을 기다렸고, 교수님과 만난 뒤 메일의 이야기를 자세히 풀었다. 하지만 교수님은 내가 가져온 약 1,000장 분량의 포트폴리오를 보지 않으셨다. 그리고 대학에서 정해져 있는 일종의 규칙을 말해 주셨다. 랩실은 3학년부터(최소 2학년), 연구지원은 동아리 들어가서 자세히 알아보고, 군대를 다녀오지 않은 신입생은 대부분의 활동 불가, 1학년은 그냥 생각 없이 놀고 친구 만들어라, 그 정도였다. 내가 생각한 학교와 정반대의 학교를 그려 주셨다. 그리고 결론적으로 교수님께서는 내가 가진 계획에 대해 도와줄 수 없으며 관심 있으면 나중에 학점관리 해서 랩실 들어오라는 말을 듣고 강의실에서 나오게 되었다.

그리고 보여 주신 랩실의 환경과 얼마 뒤의 랩실 투어에서 바라본 랩실의 공간은 학생을 위해 만들어지는 환경은 아닌 것 같았다. 학생이 어떤 연구를 하고 싶다고 요청해서 될 수 있는 시스템이 아니었다. 교수를 위한 시스템에 가까웠고, 우리가 랩실에 들어간다는 것은 교수를 위한 시스템을 배워서 다른 데에 적용하는 것을 알고자 하는 것이라고 보였다. 취업을 위한 또 하나의 도구 정도에 지나지 않을 것 같았다. 랩실에 들어간다고 해서 내가 하고 싶었던 활동을 마음껏 할 수 있으리라는 기대는 그저 꿈이었던 것이다.

그리고 3개월간의 수업 동안 느낀 대학 강의는 그저 고등학교, 아님 고등학교에도 못 미치는 그런 수업들이었다. 내가 이런 수업을 들으려고 12년간 걸어온 한 우물만 팠던 걸까라는 현타가 왔다. 매일. 그와 함께 미친 듯한 출튀와 결석을 반복하는 이 집단에 계속 있으면 나도 언젠가 그저 그런 학생들의 목표처럼 그냥 학점관리, 취업을 걱정하며 흘러가는 듯한 삶을 살아가지 않을까라는 걱정을 매일 학교가는 길에서, 수업 듣는 강의실에서, 수업 끝나고 집에 오는 길에서 하고 있었다. 이런 저런 생각을 버리려고 학교에 적응하기 위해 들어간 교내동아리에서는 그저 친목에 지나지 않는 결과물과 발전되지 않는 스스로를 보며, 나오게 되었다.

그리고 동아리도 결국은 친목을 위한 단체였다는 결론을 알게 되며, 동아리에서 능력치를 키우기에는 내 생각이 짧았구나를 느꼈다. 적어도 내가 지원한 동아리는 그랬다. 자동차 제작 동아리를 들어갔지만 선배 위주의 자작활동으로 신입생은 스터디만 한다는데 사실 회비 내면서 pdf만 받는 것이 무슨 의미가 있겠나. 밴드부는 정말 친목 그 자체였다. 음악에 대한 식견은 개뿔, 발전 없는 연주실력으로 매일 같은 노래를 돌려 막고 있었다. 적어도 재미나 있었으면 모르겠다. 취미 수준에서 뭐 그리 음악 부심은 큰지, 친목의 방법도 잘못되어 친한 사람만 친하고 있었다. 학교 프로그램을 참여해 보고자 창업 동아리 명목의 교내 창업 지원 프로그램에 지원서를 넣어 보았다. 당시 고교 신분으로 사업자 등록 및 창업 진행 중이던 증기난방기 관련 창업 아이디어로 선정이 되었고, 1인 활동을 진행하게 되었다. 창업 동아리 전체 미팅을 위해 만난 자리에서 이것저것 물어보며 또 한번 충격이었다. 나는 그동안의 대회에서 준비되지 않으면 참여하지 않았다. 그리고 준비를 위해 부단히 노력했고, 그 과정이 얼마나 중요한지 알고 있었다. 처음 만난 사람들은 1년 동안 진행할 창업 주제, 지원금을 어떻게 사용할지, 어떤 활동을 할지, 어떤 이와 활동을 할지조차 정하지 않은 분들이 있었다. 심지어 같이 하자고 제안하는 분도 있었다. 대학이라는 기관에 고등학교보다는 우수한 자원들이 있을 것이라고 생각했던 내 정체성에도 혼란이 오기 시작했다.

 그리고 보낸 나머지 3개월의 학교생활은 매순간이 고통과 번뇌의 순간들이었다. 나는 지금 이 시간이 잘못된 걸 너무나 잘 알고 있었다. 빠른 돌파구가 필요했다. 내가 학교가 아닌 다른 공간에서 할 수 있는 많은 기회를 학교라는 틀 안에서 없애고 있는 느낌을 받았다. 나에게는 그저 고등학교로 느껴졌다. 나에게 존재했던 캐릭터와 내가 만들려고 생각했던 캐릭터는 온데간데없이 사라져 버렸다.

  학교를 다니면서 휴학할 때까지 시간을 알차게 보내기 위해 했던 동아리, 공모전, 창업활동 등에서 결과적으로 크게 얻은 것이 없었다. 그 밖에 나에게 큰 데미지를 안겨 주었던 것 중 하나는 도합 4시간의 통학시간이었다. 아직 학교를 가지 않은 학생들이 통학에 대한 고민을 한다면 제발 가까운 곳에서 시작하길 바란다. 난 학교급을 바꾸고 통학을 짧게 하고 싶을 정도였다. 학교는 죽전에 있고, 집은 서울이었다. 통학시간이 4시간이 걸렸다. 나는 일찍 등교하기에 먼 거리라고 생각되어 점심시간 때부터 강의가 시작하도록 시간표를 잡아 놓았다. 사고였다. 아침에도, 저녁에도 활동을 하기에 애매하게 되어 버렸다. 그저 아까운 시간만 없어지고 있었다. 아침에는 더 자려고 노력하고 집에 와서는 보상심리에 따라 쉬려고 하는 그 루틴으로 학교에 대한 효율성은 극악으로 치달았다. 4시간의 통학시간을 쉼 없이 보내려 통학시간 동안 강의를 듣고 공부를 했다. 집에 오면 더 피곤해졌다. 도대체가 이해할 수 없는 생활이었다. 별로 도움되지도 않은 학교 강의를 4시간씩 통학해서 들으러 가고, 끝나면 집에 와서 아무것도 하지 못하고 잔다. 진짜 극. 악. 그 자체였다.

  난 이 기간 동안 정신적으로 많이 피폐해졌다. 내 심리를 나도 이해하지 못했고, 사람들과 말하기도 싫어졌으며, 어떻게든 돌파구를 찾으려 매일 노트북만 뒤져 보고 있었다. 기존에 있던 틱 증상은 더 심해졌고, 참고 다니느라 하루하루가 피곤했다. 취미 생활은 개나 줘 버렸고, 내가 하고 싶은 공부는 꿈도 못 꾼 채 내 흥분된 생각을 진정시키려 매일 자기계발서 같은 매혹적인 말만 찾아보았다. 이때 본 자기계발서만 10권이 넘는다.

  학교 다닐 때는 모른다. 내가 얼마나 망한 삶을 살고 있는지, 어떤 틀에서 벗어나 내가 틀을 정하고 그 삶에 적응하려 노력하는 사람은 알 수 있다. 흘러가는 삶에 순응하는 것이 얼마나 위험한 사람이고 얼마나 위험한 삶의 추구인지. 나는 학교를 쉬면서 알게 되었다. 학교를 다닐 때 가졌던 보통의 보상심리에 대해서. 일단 1학년이 가장 크게 나타난다. 학년이 올라가면서 점점 줄어들게 되는데 사람마다 줄어드는 시기도 다르고, 줄어드는 편차도 다르다. 평생 줄어들지 않는 사람도 있는데 높은 확률로 나락을 갈 확률이 크다. 줄어들기 시작하면 그때가 흔히 말하는 철드는 시기이다. 학교를 다니는 대부분의 사람들은 보상심리에 의해서 최대한 엠생을 추구한다. 조금의 긍정적인 활동, 수업, 공부, 프로젝트 등 내 삶에 도움을 주는 모든 활동을 수행했다면 그 활동들은 우리에게 엄청난 데미지를 입힌다. 그래서 학교를 다니는 학생들은(적어도 내가 다니는 학교의 학생들은)능동적이지 않다. 그냥 흘러가는 삶을 살고, 무조건적인 만족을 추구한다. 그리고 그 긍정적인 활동을 했기 때문에 긍정적인 활동에 정비례하는(단, 계수는 본인이 설정, 무조건 양수) 보상심리를 원한다. 정말 "아이고"다

그리고 나는 그 보상심리와 시간의 효율성 면에서 학교라는 공간이 매우 부정적이라고 생각했다. 10대 때 준비했던 나의 20대는 안정적인 30대를 준비하고, 원하는 일을 하기 위해 내가 평생 어떤 일을 할 수 있는가에 대한 고민으로 시간을 보내는 시기였다. 하지만 20대가 되어 보니, 학교에 들어와 보니, 학교는 내가 생각한 30대를 준비하는 공간이 아니었다. 그저 취업을 준비하는 취업사관학교의 생도들과 교수님께 충성하는 대학원생 정도밖에 보이지 않았다. 정말 내가 찾는 길은 보이지 않았다. 그래서 나는 깊이 휴학을 고민했다. "나는 12년간 한 공간을 바라보고 걸어왔는데 그 공간이 내 길이 아니라면 1년 정도는 내 평생 갈 길을 찾아볼 수 있는 것 아닌가? 아니, 반드시 찾아보아야 한다. 1년 동안 내가 갈 길이 정해진다면 그 길을 가고, 그 길이 학교라면 돌아오겠다." 생각했다.

나는 바깥에서의 세상이 궁금해졌다. 과연 12년간 배운 학교가 존재해야만 했던 당위성은 무엇이었으며, 앞으로의 인생에 학교가 없다면 내 인생에 어떤 것이 필요해지는지 알고 싶어졌다. 객관적으로 평가할 만한 내 지표가 궁금해졌다. 앞으로는 학교라는 공간에 갇혀 내가 할 수 있는 활동이 좌절되고 제한되는 것이 아니었으면 했다. 얼마나 많은 공간이 찾아올까 기대되었다.

그리고 방학 첫날, 휴학 원서가 승인되었다.

(+) 00:00

→ "초조함의 잠식"

〈목적지가 정해지지 않은 비행기표를 산다는 생각을 해 본 적이 있는가.〉

휴학 초기 목표는 그랬다. 대학만 피하자. 다시 돌아와야 하는 길이 대학만 아니면 됐다. 가장 중요했다. 대학에 있는 6개월 동안 가장 큰 충격을 마주했다. 인생에서 사회적으로 받은 가장 큰 충격. 처음 마주한 새로운 사회적인 공간에서 충격을 받은 건 더 크게 다가왔다. 그리고 그 충격은 내가 이 집단에서 과연 얼마나 성장할 수 있을까를 고민하게 만들었다. 무수히 많은 고민거리 중에 가장 큰 비중은 대학이 과연 어떤 곳인가 하는 것이었다. 그리고 대학이 어떤 곳인가 고민하면서 둘러본 대학의 환경 속에 나에게 진정으로 필요한 건 많지 않았다. 그렇다면 다시 그 장소로 돌아갈 필요가 있을까 생각했고, 나만의 삶을 개척해야 한다는 판단이 섰다.

나는 목적성을 가지고 하는 휴학이 아닌 목적성을 찾기 위한 휴학을 선택했다. 그리고 그 선택이 초조함의 잠식을 불러왔으며, 목적지를 선택하지 않고 떠나는 여행이 될 것이라는 생각은 미처 하지 못했다.

  항상 그런 야망은 있었다. 하지만 그 시기가 20살, 막 대학을 입학해서가 될 줄은 몰랐다. 나는 고등학교 시절부터 사업을 하고 싶었다. 고등학교 때부터 창업에 대한 활동을 진행하며, 대학교에서는 보다 나은 환경에서 학생 창업의 기회가 있었으면 했다. 하지만 학생 창업으로 이룰 수 있는 기업의 깊이는 대부분 한계가 있기에 좀 더 깊이 있는 사업체를 운영하려면 분야에 대해 깊이 공부해야 한다고 생각했다. 식당을 운영해도 사업이고, 공장을 운영해도 사업이다. 하지만 식당의 규모, 공장의 규모, 시스템 적인 면에서 효율적인 사업을 학생 창업의 선에서 하기에는 어느 정도 한계가 있다고 보았다. 그리고 어린 생각의 나는 뭔가 사업이라고 하면 웅장한 규모라고 생각했다. 사업은 그 정도의 규모로는 어림도 없다고 생각했다. 나는 고등학교를 지나며 목표가 있었다. 내가 뭣같이 생각한 학교 재단 이상으로 올라가 학교의 막돼먹은 교사들 위에 군림할 정도 위치, 그 정도의 재산. 그게 내가 원하는 사업의 규모였다. 그렇다고 요즘 인스타 피드를 열면 나오는 자퇴 후 사업, 이런 애들이 되고 싶다는 건 절대 아니었다. 내가 처음 대학에 진학하여 교수를 찾고, 학생을 찾고, 프로그램을 찾고자 여기저기 뛰어다닌 것도 학교에서 할 수 있는 최대한의 학습을 원했기 때문이며, 전문적인 분야에서 일정 기간 이상 분야에 대한 지식을 쌓아야 한다는 생각이었다. 그래야 적어도 내 분야에 대한 생각이나 기본적인 사업에 대한 마인드가 생긴다고 생각했다.

나는 기술 창업을 하고 싶다. 그 중에서도 전기전자에 기반한 사업을 원한다. 그래서 그 분야의 많은 지식과 실무적인 역량을 쌓고 싶었다. 고등학교를 다니면서 증기난방기를 개발하고, 대회에서 수상하고, 특허를 취득하고, 창업을 위한 활동을 했다. 대학에 와서도 일을 놓지는 않았지만 그냥 고등학교 정도의 이야기라고 생각했다. 더욱이 발전을 위해 대학에 갔지만 막상 대학에서는 한동안 크게 정체되었다. 그래서 내가 학교를 다닐 당시부터 생각했던 건 해외로 시선을 돌리는 것이었다. 그리고 그곳이 호주였다. 휴학기간 동안 장강명 작가의 소설을 원작으로 하는 《한국이 싫어서》라는 영화를 본 적이 있다. 영화를 보고 나서 원작이 있다는 소식에 도서관에 가서 원작도 읽어 보았는데 느끼는 감정은 더 컸다. 주인공은 한국에서의 생활에 신물을 느끼고 새로이 삶을 찾아 뉴질랜드로 간다. 그리고 한국에서의 실적, 능력, 기술은 써먹을 수 없게 된 분야에서 일하며 대중적인 워홀러의 삶과 고민을 느끼고 살아간다. 호주에서 돌아와서 본 영화여서 그런지 나는 도입부의 주인공의 말이 안타까웠다. 단순히 한국에서는 안 되니까. 외국에는 뭐가 있을 것 같다는 기대. 나도 그 감정이 없지 않았기에 그 감정을 가지고 해외를 가는 것이 얼마나 뼈저리게 돌아오는지 알기 때문에. 그래서 안타까웠다. 물론 후반부에서 주인공은 타지의 생활에 익숙해지고 만족한다. 하지만 그 삶은 홍대를 졸업하고 금융 관련 일을 하던 주인공의 삶과는 많이 멀어져 있다는 걸 볼 수 있다. 나는 처음 해외로 시선을 돌릴 때, 호주를 바라볼 때, 현재 학교에서 풀릴 것 같지 않은 삶과, 한국에서 쌓기 어려운 인맥과 전기전자에 대한 사업적 지식을 포함한 모든 것들이 그저 해외라면 가능하지 않을까 막연하게 생각했던 것도 있다. 돌아보면 상당히 어렸다. 왜 그때 그 결정을 위해 살았는지, 이름만 들어도 고민이 많던 시기라는 것이 느껴진다. 하지만 되돌리고 싶은 과거는 아니다. 휴학을 통한 모든 경험은 피가 되었고, 살이 되었다. 내가 처음 호주에 대한 생각을 하고, 호주에 가던 날까지 했던 모든 경험도 절대 되돌리고 싶지 않은 소중한 경험이다. 그리고 그 경험을 바탕으로 한국에서 하고 있는 일도 소중하기에 후회하지 않는다.

일단 호주 이야기를 하기 전, 많은 사람들이 휴학을 하고 있기에 휴학에 대해 먼저 말하는 것이 필요할 것 같다. 이 이야기는 휴학을 생각하는 모든 사람들에게 더욱 강조하고 싶다. 내가 생각하는 휴학은 두 가지의 큰 틀로 나눌 수 있다. 첫째는 목적성을 가지고 하는 휴학, 둘째가 목적성을 찾기 위한 휴학이다. 전자는 전문직 준비나, 자격증, 인턴 등과 같이 정해진 목적을 가지고 휴학을 진행하는 것이다. 후자는 나와 같이 학교의 의미를 찾는다. 사회 경험, 휴식을 통한 회복 등 정형화된 목적 없이 휴학의 과정 속에서 의미를 찾으려고 휴학을 진행하는 것을 말한다. 경험해 보지 않았지만 휴학을 망설이고 있다면 대부분 후자의 휴학을 하고 싶어서 일 것이다. 하지만 주변인들은 전자의 휴학 이외의 휴학을 인정하지 않고 있기 때문에 스스로 고민하고 있는 것일 수 있다. 전자의 휴학을 하게 될 경우, 많은 시간을 아끼고, 효율적으로 시간을 사용하여 휴학을 진행할 수 있다. 하지만 후자의 휴학은 "목적성"을 찾는다는 순간부터 불확실한 미래에 시간을 투자하게 되는 것이다. 얼마나 시간이 소요될지, 감정을 투자할지 모른다. 따라서 "되도록 어떤 휴학을 해라"라고 단정 지어 말하지는 않겠다만 후자의 휴학을 하고 싶다면 내가 시간을 사용하는 것에 아쉽다는 생각을 하지 않도록 스스로에게 되새길 생각을 하고 시도해라. 목적지가 보이지 않는 것에 두려움을 가지면 안된다. 후자의 휴학을 하는 여러 사례를 보면 많은 사람이 휴학 초기에 흔히 말하는 뻘짓을 하다가 정상궤도에 안착하는 현상을 볼 수 있다. 내가 했던 호주의 선택도 남들이 보기에는 흔히 말하는 "뻘짓"이었을 것이다.

돌아와서, 당시 나는 통학 시간이 너무 아까웠고 대부분의 시간에 많은 강의를 들었다. 전기전자 및 에너지 관련 대학 강의부터 정치 강의, 세계 이슈 등 닥치는 대로 찾아 들었다. 그중 가장 많이 들었던 강의는 창업에 대한 강의였다. 대학에 처음 들어갈 당시, 나는 20대에 평생 할 일의 기반을 다질 수 있어야 한다는 생각이 있었고, 가장 많은 조급함을 가지고 살았다. 그리고 창업에 대한 강의, 책 등을 수도 없이 찾아보며 조금은 허황되어 보이는 꿈을 가지기 시작했다. 전기전자에 대한 사업을 하기 좋은 공간이 한국은 아닐 것 같다고 생각했다. 일단 그 당시, 내가 대학이라는 공간에서 배우는 학문의 수준이 매우 낮았다. 게다가 실무적인 역량을 강조하지 않은 우리나라에서 전기전자에 대한 이론적인 지식으로는 어떤 일도 수행하지 못하기에 또다른 배움이 반드시 존재해야 했다. 그리고 한국이 싫었다. 그리고 그 때 눈에 띄었던 유토피아가 호주였다. 호주는 기계 전기 산업 중심에 이민자 중심 사업 시스템이 매우 잘되어 있다. 실제로 우리나라에서 건너가 전기전자 사업을 진행하는 교민들이 많고, 솔라 시스템, 발전 및 배전관리 등에 대해 국가적인 사업으로 확장하는 기업들이 존재했다. 또한 내수 중심 사업만 아니라면 전기전자 분야의 사업을 진행하기에 매우 적절한 국가라고 생각했다. 이외에도 1, 2차 산업중심의 발달형태와 아직까지 개발되지 않은 여러 전력전자 기업들이 뛰어드는 시장까지 상당히 매력적으로 느껴졌다. 그래서 나는 처음에 호주를 경험할 수 있는 가장 빠른 방안, 워홀을 알아보게 되었다. 여기서부터 휴학 초기 했던 고민과 걱정이 시작된다. 나는 워홀에 대해 자세히 알고 있지 않았다. 보통 사람들이면 여기까지 읽고 당황할 것이다. "아니 유학이 아니고 워홀? 그냥 휴식이 필요한 걸 포장하는 건가." 나는 워홀이라는 제도에 큰 펜스가 존재할 것이라는 생각은 하지 못했다. 단순히 외국에 나가서 원하는 일을 할 수 있는 것이라고 생각했다. 1년 동안의 체류 기간 동안 계약직 정도의 조건에다가, 업무와 함께 주변에서 휴가를 즐길 수 있을 것이라는 낭만적인 체험이라고 생각했다. 그리고 1년 동안 업무 과정에서 여력에 따라 점프가 가능할 수 있을 것이라고 생각했고, 대학 등이나 추가적인 공부는 일을 하면서 생각할 수 있을 것이라고 보았다. 또한 일을 구하기에 어렵지 않을 것이라는 생각을 했다. 외국에서는 전기전자에 관련된 현장직을 반기지 않는다는 이유였다. 고등학교 때부터 전기전자에 대한 실무적인 경험도 있었고, 4년제 전기전자공학 전공 정도면 일하는데 충분할 것이라 생각했다. 그래서 호주에서 전기전자에 대한 경력을 쌓으며 추후 전기전자에 대한 사업을 진행하는 과정에 도움을 받을 수 있지 않을까 싶었다. 무지했다.

그리고 초반 호주 워홀에 대한 정보 마련 이전에 비자를 신청하였다. 이때는 학교를 벗어나 어떤 일을 해야 할까에 대한 무한정의 고민을 빨리 끝내고 싶었고, 빠르게 결과를 얻고 싶었다. 그렇기에 학교만은 피해야 한다는 막연한 도피성의 생각도 있었던 것 같다. 그리고 한국에서 할 수 없는 일을 호주에서는 할 수 있을 것이라는 허황된 생각도 포함되어 있었다.

비자가 상당히 늦게 발급되었다. 보통 2주면 발급된다고 해서 신청했는데 휴학 시작하고 2달은 넘게 걸린 것 같다. 그래서 비자가 발급되는 동안, 그리고 호주에 도착하기 이전까지의 시간을 초조함의 잠식이라고 부른다. 그 기간 동안 워홀에 대해 알아갈 수 있었다. 일단 내가 원했던 방식의 일을 할 수 없었다. 워홀 비자는 정말 특수한 비자였다. 현지에서 크게 반기지 않는 비자의 형태였고, 이에 대해서는 원하는 일이 아닌 정해진 일을 해야 한다는 것이 정확한 표현 일 것이다. 그 정해진 일은 한국과 크게 다르지 않다. 어떤 면에서는 한국보다 긍정적이고 어떤 면에서는 한국보다 부정적이다. 시급이 한국에 두배인 것 매우 긍정적이다. 서울에서 대전까지의 거리를 트레인으로 출퇴근하는 사람도 있다는 것은 매우 부정적이다. 일하는 환경도 한국과 크게 다르지 않다. 분위기에 변화 정도만 존재하였고 어떤 면에서는 '호주가 좋다', '한국이 좋다'라는 관점도 있었지만 가장 큰 것은 그냥 근본적인 본인의 문제였다. 게다가, 내가 처음 바라던 전기전자일은 크게 나뉘었다. 대졸~석박사 이상이면 대부분 사무직이다. 연봉 1~2억 되는 엔지니어 업무라고 말할 수 있다. 하지만 아무 경력도 능력도 없는 나는 바라도 볼 수 없는 분야였고, 당연히 현장직의 전기전자 일을 구해야 했다. 하지만 워홀 비자로는 현장직의 전기전자 일도 구하기 힘들었고, 구하는 현장직은 기술을 배운다기보다 대부분 위험한 노가다 정도였다.

  아무래도 워홀은 신중했어야 했다. 그래서 더 많이 고민했어야 하고, 선택과정에 후회할 만한 증거가 없어야 했다. 일반적으로 워홀러들이 가장 많이 하는 잡은 카페, 식당 정도이다. 해당하는 일을 구하는 방식은 보통 호주 현지에서 레쥬메를 돌리고 현지에 도착하여 주변에서 맘에 드는 일자리를 구하는 것이다. 하지만 전기전자 일은 회사마다, 지역마다 원하거나 수행하는 업무가 많이 다르고, 현지에 도착해서 내가 원하는 잡을 구할 수도 없을뿐더러 그렇게 잡을 구한다는 가정하에 현지에 도착할 경우, 정착자금이 수도 없이 깨질 수밖에 없었다. 그래서 나는 한국에서 최대한 잡과 숙소를 구하려고 노력했다. 그러다 보니 매일 5~6개의 호주 구인구직 사이트와 1~2개의 숙소 사이트에 들어가서 컨택하는 게 일상이었다. 하루하루 연락을 기다리며 불안해지고 초조해지는 마음은 더해만 갔다. 어디서는 연락이 오고, 어디서는 쳐다보지도 않았다. 연락이 와도 조건이 안 맞고, 생각했던 잡을 찾기는 어려웠다. 그러면서 자연히 워홀에 대해 깊이 알게 되었으며, 그렇게 알게 된 워홀은 그저 워홀이었다. 말 그대로였다. "워킹 홀리데이" 나는 외부에서 볼 때 아무 경력도, 내세울 것도 없었다. 내가 원하는 직업을 선택할 수도 없었다. 전기전자의 현장직에서 할 수 있는 일은 배움의 정도보다 위험의 정도가 더 큰 일 뿐이었다. 대부분의 워홀은 할 수 있는 일이 정해져 있었다. 그 밖으로 벗어나기도 힘들었고, 많은 사람들이 워홀은 경험, 돈, 영어 그 세 가지 틀 이상에서 벗어나기 어렵다던데 사실이었다. 워홀을 가장 많이 선택하는 연령층이 취업 준비생이라던데 새로운 성취를 이룬다는 면에서의 워홀은 많이 힘든 일이었다. 그밖에 다른 비전을 가지고 가기에는 상당한 버거움이 있었다.

워홀에 대해서 어느 정도 알게 되면서 고민했다. 학교에서는 많을 걸 할 수 없어서, 지금 내 발전을 위해서 학교를 나왔는데 단순 알바 + 휴가에 1년을 사용할 수는 없었다. 그래서 원래 1년짜리 워홀 계획을 2~4개월로 줄였다. 물론 호주에 더 적성이 맞고 괜찮은 분야에서 가능성을 본다면 오래 남고, 대학까지 생각해도 괜찮지만 계획 상태에서의 워홀을 통해 얻을 수 있는 것은 그저 젊은 날의 추억이라고 생각했다. 일단 대부분의 워홀 홍보 및 소개 영상을 보아도 그렇다. 일상이 힘들어서 떠난 것일 수도 더 나은 삶을 바라보고 비전을 찾아간 것일 수도 있다. 하지만 대부분 워홀 이후의 삶은 생각 없이 그냥 "워홀 낭만 있잖아, 한잔해~", "지금을 즐겨"라는 분위기를 조성하는 것은 좋지 않았다. 나는 돌아와서의 삶까지 바라보고 워홀을 선택해야 되는데 워홀러들은 당장 지금만을 중요하게 생각하고 사는 것 같다는 느낌을 받는 순간, 고민의 깊이는 더 커졌다.

당시 나는 매우 복잡한 생각이었다. 복잡한 생각보다 더 큰 문제점은 많은 생각들로 인해 생각 하나하나의 깊이가 얕었다. 다시 학교에 돌아가는 건 죽어도 싫었고, 내 적성에 맞는 다른 일을 찾아서 결국 휴학의 목적성을 달성하고자 했다. 그래서 수도 없이 고민했고 그 결과가 망상성 비전으로 향하게 되어 초조함의 잠식을 만들게 될 줄은 몰랐다.

처음 계획은 워홀 1년 이상을 통해 전기전자 업무의 실무적인 경력과 현지에서의 사업적 지식, 영어 능력 등 여러가지를 얻고, 공군 EOD에 들어가고자 하였다.

나는 고등학교 때부터 EOD에 대한 환상이 있었다. 그래서 언젠가는 EOD에 가고 싶다라는 생각이 있었지만 처음 EOD를 알게 되었을 때는 이런 방식의 계획으로 흘러가리라고는 일말의 예상도 못했을 것이다. 호주 이외의 또 다른 망상성 비전 EOD, 솔직히 멍청했다. 누차 말하지만 계획이나 선택이 잘못된 것은 아니다. 하지만 고민을 하고 있다면 고민을 해결할 만한 확실한 증거를 만들든가 고민에 대응할 수 있는 차선책이 있어야 한다. 하지만 증거도, 차선책 없었던 것은 잘못된 것이다. 나는 그냥 학교가 싫었고, 학교로 다시는 돌아가지 않을 것 같았기에 EOD에 반드시 갈 것이라고 말했다. 당시 나는 병사로 가는 군대가 비합리적인 공간 같았다. 18~21개월은 애매하게 시간을 버릴 수 있는 일이라고 생각했다. 나는 고등학교를 같이 보낸 아덱스 형제들을 보며 느꼈다. (아덱스는 반고등학교 단체로 현재도 가장 미래지향적인 학생 8명이 지속적인 모임을 가지고 있다) 아덱스 형제들은 참 특이한데 8명 중에 2명은 장교를 준비하기 위해 사관학교에서 군사복무를 수행하고 있다. 그리고 2명은 면제, 2명은 현역, 나머지 2명은 정상은 아니어서 군대가 아주 힘들겠지만 아쉽게도 현역 미필이다. 그중 존경하는 현역 두 분은 군대에서 시간을 아주 슬기롭게 버리고 계셨다. 물론 한 분은 매우 긍정적으로 생활하여 어학점수도 채우고, 말뚝을 박겠다고 조종장교를 준비하신단다. 하지만 나머지 한 분은 꿀 빠는 부대에 배치되어 매일 애니에 빠져 사신다. 그런 모습을 보면서 차라리 복무기간이 늘더라도 시간을 온전히 사용할 수 있는 방법은 없을까 생각했다. 그와 함께 군대에서 전문적인 기술을 배우고 싶었다. 고등학교 시절 나는 연구가 좋았기에 대학원을 생각했고, 산업연구요원, 전문연구요원과 같이 군대와 일을 병행할 수 있는 분야를 생각하기도 했었다. 하지만 내가 대학에서 느낀 연구생활과 그 생활에 복종해서 얻어내는 결과물들은 굳이 내가 군대까지 그런 선택을 하지 않아도 될 것 같다고 느끼게 만들었다. 그리고 생각한 것이 EOD였다. 나는 전기전자라는 분야는 특히 실무가 중요하다고 생각했다. 실제로 작업을 하면서 느낀 것이지만 이론을 알고 있는 사람 중에 실무적인 지식을 겸비하여 본인의 생각을 표현할 수 있는 사람은 얼마 되지 않았다. 그래서 실무적인 지식을 배우기 위한 수단이 필요하다는 것을 느꼈고, EOD 부대 특성상 가능할 것이라고 생각했다. 그래서 휴학 이후 새로운 답을 얻는 공간이 군대가 되면 어떨까 싶었다. 그리고 그 공간이 나에게는 공군 EOD였다. 사회에서 배울 수 없는 전문적인 군 지식을 배우고, 자격증도 따고, 내가 원하는 공부를 하면서 전역해서 경력을 살릴 수 있다는 건 매우 매력적이었다. 전역 후 방산관련 타 회사에 취직도 가능하고, 학점은행 제도를 이용해서 졸업 및 석사 이상의 공부를 더 해도 되지 않을까 생각했다. 나는 반드시 EOD에 갈 것이라는 생각으로 준비했고, 막상 붙고 나서 제반조사에 따르니 내가 생각한 군대와는 달랐다.

돌아서서 보면 2가지 모두 잘못된 선택이었다. 계획이야 그럴 수 있다. 누구나 계획 상에는 문제가 존재할 수 있지만 그 계획을 빠르게 수정하고 올바른 길로 나아갈 수 있는 힘이 존재해야 한다는 것, 그게 가장 중요했다. 하지만 워홀이 잘못된 걸 알았음에도, 공군 EOD에 확실한 비전이 있다는 걸 몰랐음에도 냅다 시도했다. 공군 EOD의 초반 정보를 찾는 과정에서 그 어떤 사람의 말도 내 귀에 들어오지 않았다. 결국 정보에 대한 의견, 종합적인 평가를 소홀히 한 채로 지원서류부터 갈겼다. 지원하고 나중에 붙으면 고민하면 된다라는 생각이었다. 결국 휴학 이후 약 5개월간 호주 + EOD에 대한 인생을 살았다. 그러다 보니 휴학 이전처럼 불확실한 미래는 변하지 않았다. 학교라는 불확실한 상태를 해결하고자 밖으로 나왔는데 또 불확실한 미래에 인생을 투자하고 있었다. 내가 어떻게 될지 모르겠고, 이 길이 맞는지 모르겠다는 생각을 매일 그렇게 하고 있었다. 그 고민을 끝내고 성과를 달성하기 위해 휴학을 결심한 것이었는데 그 생각을 또 하고 있었다. 멍청했다.

하루하루가 초조했다. 이렇게 산다면 남들보다 뒤처지고 있는 것 아닐까, 차라리 남들은 뭣 같아도 학교는 다니는데, 이러다가 다시 얻는 것이 없어서 학교로 간다면, 나는 뒤처지는 것 아닐까, 겁이 났다. 뭐라도 해야 한다는 불안감과 하루하루 불확실한 일상은 원래 내 삶의 계획으로 돌아오지 않고 있었다.

정말 웃긴 것은 나는 그렇게 스트레스를 받으면서 고민하는 모든 순간에도 "휴학"을 한 사실에 대해서는 단 한 번도 후회한 적이 없다는 것이다. "휴학"은 정말 잘한 선택이었다는 것이다. 항상 불안했고, 항상 초조했어도, 학교를 돌아가고 싶지는 않았다. 어떻게든 밖에서 방법을 찾고 싶어 했지. 다시 그 공간으로 돌아갈 생각은 추호도 없었다.

그래서 휴학초기 매일을 호주 + EOD에 대한 막연한 삶을 구체화해야 했다. 상당히 모든 것이 큰 스트레스를 주고 있었다. 잘못된 것 같았다. 휴학 중반기를 넘어서 알게 되었다. 휴학을 하는 많은 사람들의 대부분은 활동하는 범위가 유사하다. 누구는 갑자기 저만큼 뛰어가고, 누구는 저기에 꼬라 박고 하지 않는다. 모두가 평이한, 그리고 비슷한 삶을 추구하며 비슷하게 휴학 생활을 하게 된다. 하지만 휴학기간을 잘 보냈다고 하는 사람들의 공통점은 모두 확실한 결과물이 산출되는 활동을 했다는 것이다. 나처럼 아무 결과물 없이 비전이 어떠하다고 떠드는 건 휴학 기간에 그리 좋은 선택이 아니라는 것을 알게 되었다.

나의 휴학기간도 호주를 갔다 오기 전과 후로 나뉜다. 호주를 가기 전, 나는 초조함에 잠식되어 있을 뿐만 아니라 불안한 비전 속에 있었다. 내가 지금 하고 있는 일에 대한 확신이 서지 않았다. 자신이 없었고, 능동적인 움직임이 많지 않았다. 내가 어떤 일을 해야 하는지 잘 몰랐다고 하면 거짓말이고, 잘 알았다. 너무 잘 알았다. 하지만 그렇게 완벽하게 일을 마치지 않았다.

휴학하고 내가 해야 될 일에 대한 리스트와 함께 내가 할 수 있는 일을 정리해 놓았다. 초조함에 잠식된 5개월 동안도 분명히 해결해야 할 문제가 많았다. 호주로 가는 것도 확신이 서지 않았고, 한국에서 해야 할 일들이 너무 많았는데 호주에 간다고 내 삶이 바라던 대로 풀려 나갈까? 이건 아니었다. 그래서 원래 비자가 더 늦게 나온다면 한국에 잔류할 계획이었다. 속마음은 그랬다. 그걸 또 귀신같이 알고 비자가 때 맞춰 나왔지만 말이다. 나는 11월경에 호주에 들어갔다. 그전까지의 휴학 life와 그 후의 휴학 life는 매우 다르게 느껴졌다.

호주 이전의 휴학 life는 생각에 의한 움직임이었다. 무조건적인 생각으로 인해 움직임을 막았다. 내가 하고자 하는 일이 "아, 얼마 뒤면 호주 가는데 이거 할 수가 있나?" 이렇게 버려지게 되었다. 호주라는 의도치 않는 펜스가 생긴 것이었다. 움직이기 전에 하는 많은 생각은 나를 막았다. 능동적으로 움직여야 할 휴학의 중요한 시간들을 버리고 있었다. 밖으로 움직이려고 하지 않았다. 새로운 시도를 기피했고, 하던 일만 잡고 있었다. 생각에 의한 움직임은 정말 중요하다. 하지만 휴학은 1년 정도의 기간을 한정한다. 1년 정도의 단기간에 내가 답을 내야 하는 상황이라면 일단 부딪혀야 한다. 생각에 의해 움직이고, 무조건적인 생각으로 나를 방해한다면 시간을 버리는 일이다. 펜스를 허물기 위해 움직임에 의한 생각을 해야 했다.

호주 이후의 휴학 life는 움직임에 의한 생각이었다. 움직임을 통해 생각을 이끌기 때문에 보다 확실한 결과물을 위해 움직였다. 생각을 먼저 하고, 그 생각에 의해 행동이 가로막히지 않았다. 과도한 생각을 하지 않으려고 노력했으며, 내가 움직임을 통해 이룬 과정에 대한 생각만 주요하게 다뤘다. 행동에서는 이전에 존재하던 펜스가 무너졌고, 자유롭게 오갈 수 있었다. 가로막는 장치가 없다는 것에 자유로운 움직임과 그에 대한 생각이 따라왔다. 삶이 많이 달라졌다.

그래서 호주 이전의 life를 초조함의 잠식 구간이라고 부른다. 약 5개월 동안 호주 + EOD라는 자그마한 망상성 비전으로 내 앞길을 막았다. 그때 무엇을 해야 하는지 누구보다 잘 알았음에도…. 그때 멈춰 서 있지는 않았다. 느리지만 움직였고, 뒤로 가더라도 움직이려고 했었다. 돌아보면 잘한 일이지만 그때는 그게 그렇게 비참하게 느껴지더라.

초조함의 잠식 구간에서 가치관에 많은 변동이 왔다. 그저 어떤 뜻을 가지고 있다고 가볍게 했던 말이 "얘 이런 거 하고 있대"가 되어 있고, 그렇다면 호주가 괜찮지 않나? 했던 말이 "얘 휴학하고 워홀 간대"가 되어 있고, 워홀 2달 정도 갔다 오려고 했던 말이 "얘 벌써 실패했대"가 되는 걸 보았다. 사람들에 대한 환멸을 느꼈다. 하지만 사람들에 대한 환멸 이후에 찾아오는 건 그런 아무렇지 않은 감정조차 차치하지 못하는 스스로에 대한 비관이었다. 근본적으로 나는 우리가 하는 고민이 두

가지 방식으로 나뉠 수 있다고 생각한다. 입 밖으로 내뱉는 행동으로써 후련함을 느끼고, 생각을 덜할 수 있는 고민의 유형과 남들에게 말하는 것 대신 내 스스로 고민하는 행동을 통해 깊은 성찰을 해야 하는 고민의 유형으로 존재한다고 생각한다. 그 기준은 본인 스스로가 정하는 것이며, 일종의 자존심 문제라고 생각한다. 내가 그 고민을 하게 된 이유에 포기하지 못할 자존심이 섞여 있다면 후자의 유형일 것이고, 누구에게나 말할 수 있을 정도의 자존심 문제가 걸리지 않는 고민이라면 전자의 유형이라고 생각한다.

나는 호주를 갈 때까지 전기전자라는 분야에 자존심을 버리지 못했다. 고등학교 때까지, 그리고 더 큰 세상을 경험하기 전 누구보다 월등한 전기전자의 능력을 가졌다고 생각했다. 그래서 본인에게 있어 전기전자의 life가 중요하다고 생각했고, 쉽게 포기하지 못했다. 누군가 가볍게 던진 말이 잔상으로 남고, 스스로에게 되뇌며, 조급함을 만드는 활력제가 되고 있었다는 것에 큰 느낌을 받지 않았다. 실제로 호주에 갈 때도 그 짧은 기간에 책을 챙겨 가서 근처 도서관에서 공부할 정도로 스스로에 대한 자존심을 버리지 못했다. 그래서 나는 남들이 바라보는 호주가 단순하게 인생을 바꾸게 된 선택이라고 비쳐지지 않았으면 했다. 워홀 간다고 하면 의문을 가지고 보는 시선이 많았다. 나는 의도가 달랐지만 그리고 의도가 같았다고 해도 또 다른 길을 찾아보는 것인데 왜 한국에서의 삶을 포기하는 것으로 비쳐지고 그것을 궁금해하는 사람들이 생겨나는 것인지. 스트레스였다. 그래서 호주의 고민이 남들의 입에 오르내리지 않도록 내 입에서 단속했다. 완벽한 후자의 고민에 대한 유형이었다.

그래서 초조함의 잠식 구간에 사람이 싫고 속세가 싫어졌다. 80억 인구를 16가지 알파벳으로 구분 지어 버리겠다는 혼란스러운 이론인 MBTI에 따르면 나는 극E 성향이다. 하지만 혼자 있는 것이 편해졌고, 어쩌다 사람을 만나면 반가운 정도였다. 내가 필요한 만남은 반겨졌지만 불필요한 만남과 술자리는 매우 어색했다. 사람을 만나면 잔상이 남았고, 속세에서는 생각을 하게 만든다는 것이 그 이유였다. 그래서 이때부터 가치관에 큰 변동을 주었다. 그리고 호주에 있는 기간 동안 여러가지 쓸데없는 생각을 다 청산했다. 그 중에 인간관계도 어느 정도 포함된다.

나는 대학교 친구들이 별로 없고, 연락하는 친구는 아예 없다. 대학교를 뭣같이 다니고 6개월 만에 휴학해서 그런 건지, 아니면 대학교를 고등학교 친구와 같이 다녀서 그런 건지, 물론 둘 다이다. 우리가 20대 초반에 대학교 친구들을 많이 안 만난다면 친구 관계는 고등학교에 멈춰 있을 것이다. 그게 가장 불필요하다고 느꼈다. 호주 가기 전, 고등학교 친구들을 정말 많이 만났는데 정말 불필요했다. 우리는 어떠한 발전된 이야기를 하는 것도 아니었다. 이야기는 옛날에 머물러 있었다. 물론 가끔은 이런 만남이 필요하다. 하지만 이런 만남이 너무 오랫동안 지속되는 건 문제라고 생각했다. 우리는 새로운 만남에 익숙해질 필요가 있다. 내 발전을 위한 사람을 만나고, 인맥을 끌어야 한다. 하지만 고등학교 친구가 편하다는 이유로 자주 만난다는 것이 내 삶에 어떤 발전이 있는가? 우리가 바빠질수록 가장 가까웠던 고등학교 친구들과 멀어지는 것이 당연한 이유다. 우리가 그렇고 그런 만남에 익숙해질수록 우리는 어려진다. 그래서 새로운 관계, 새로운 만남이 아니면 되도록 지속성을 낮췄다. 상대방이 일주일 내에 무엇을 했는지 하나라도 알고 있다면 매우 과도한 만남이다. 그 이상으로 만남이 지속되면 서로에 대한 간섭, 서로에 대한 태클이 있을 수밖에 없다. 성인이 되어 각자 갈 길을 걷는 우리에게는 적당한 데미지와 잔상을 남기게 된다. 초조함의 잠식 이후에 불필요한 만남을 자제하는 것을 배웠다. 이것도 초조함의 잠식구간에서 배우지 못했던, 그때 알았어야 하는 아주 중요한 사실이다.

불필요한 인간관계뿐만 아니라 사람들을 즐기다 보면 자연히 시선을 의식한다. 나는 웃음의 공백기 이후 사람들의 시선을 꾸준히 의식하게 되었는데 그것이 내가 호주를 매몰비용이라고 판단하지 못한 이유가 되기도 했다. 섣불리 호주에 간다는 사실을 없앨 수 없었다. 사실 호주에 가는 것은 당시 생각으로 그렇게 좋은 선택이 아니라는 걸 알고 있었다. 한국에서 내 발전을 위해 정진해야 할 시기라고 생각했다. 한창 내가 만들고 있던 아이템인 전과외에 물 들어오는 시기였고, 당시에 수업을 다 잡았고 그때부터 시스템 하였다면 군대 가기 이전에 일반적인 직장인 월급 이상으로 소득을 뽑아낼 수 있었다. 그 외에도 평생 쓰여야 할 자격증, 전기전자 공부와 같은 경력 되는 일을 미루고 호주에서 경력에 도움되지 않는 일을 하고 온다는 것은 좋지 못한 선택이었다. 그래서 초조함의 잠식은 적응의 기간이 아니었다. 순응의 기간이었다. 내가 호주에 가야 한다는 사실을 받아들였고, 받아들인 시간을 위해 나는 흘러가는 삶을 살아갔다. 내가 멍청하다고 생각했던 사람들처럼.

결과적으로 보면 호주의 경험은 5점 만점에 4점 정도다. 하지만 호주로 인해 경험한 이전의 5개월 동안 행적은 5점만점에 2점도 되지 않는다. 그건 선택의 중요성을 알려 준다. 하지만 어떤 선택을 하던 모든 선택에는 중요도만큼의 긍정적인 배움이 필연적으로 따라온다는 것도 알게 되었다.

내가 한 결정에 따른 대가는 받아들여야 했지만 당연히 결과가 달지는 않았다. 하지만 또 다른 배움이 있었다. 또한 1년 동안의 배움을 통해 어디로 가야 하는가에 대한 답만 도출하면 되는 것이었다. 초조할 필요가 없었다. 초조함의 기간이 길어질수록 원하는 답에서 멀어질 가능성만 높아진다. 그때는 모른다. 하지만 지나고 나면 멀어져 있는 답에서 결국 초조함이 원인이었다는 걸 알아 버릴 것이다. 나는 호주에 가서 세계를 배우고, EOD를 통해 진로를 배우도록 결정했다. 그게 당시의 내가 내린 답이었다.

지금 돌아보면 그때는 시간을 흘려보낼 줄도 알았어야 했다. 아니면 지나가는 시간에 몸을 맡기는 법을 배웠어야 했다. 호주에 간다는 사실 하나로, EOD에 가고 싶다는 사실 하나로, 그 사실에 얽매여 다른 활동에 지장을 주고 있었으니 말이다. 때로는 정해진 답이 있다면 그 답을 위해 나머지의 생각은 비워내야 한다. 불확실한 답을 쫓는 사람이라면 더더욱 그렇다. 시간이 지난 지금 호주에서의 한 달 살기와 EOD의 선택 기로가 후회되지 않는다. 초조함에 잠식 구간에서 누구나 시도하는 고민의 대가라고 생각한다.

 땅을 파기 위해 삽을 들었다. 내가 파고 싶은 구멍이 어딘지 찾지 못했다. 결국 첫 삽이 다른 구멍을 향했다. 그리고 세상에 아직 남아 있는, 그리고 팔 수 있는 구멍은 너무 많다는 걸 깨달았다. 그리고 내가 든 삽이 튼튼한 삽이 아니라는 것을 알았다. 내가 좀 더 깊고 단단한 구멍을 파기 위해서는 어떤 지반을 선택해야 되는지 알았다. 내가 들었던 삽이 모종삽이 아닌 스텐 삽이어야 했다는 것도 알았다. 여러 명이 함께 땅을 파면 쉽다는 것도 알았다. 땅을 파기 위한 여러 기계가 존재한다는 것, 그걸 익힐 시간이 필요하다는 것도 알았다. 땅을 파서 얻는 게 정말 다양하다는 것도, 활용할 수 있는 것이 한두 가지가 아니라는 것도 알았다. 이 모든 걸 알게 되면 휴학의 목적은 달성한 것이다. 적어도 호주에서의 한 달 살기와 EOD를 통한 대가가 "뭐 했던 거지"가 아니라 다른 길을 위한 삽질이었다는 것을 알게 되면, 그리고 다른 길을 찾게 되면, 다른 길에서 열심히 걸을 수 있는 힘을 마련하면, 모두 다 과정이었던 것이다.

 책을 보는 이들도 말할 수 있다. 앞선 과정의 실패를 각각의 사건으로 보지 말라. 모든 사건은 연속적이다. 저녁에 내가 밥을 먹고 다이어트에 실패했다. 왜 밥을 먹었는가? 배고파서, 그렇다면 앞으로 배고픔을 어떻게 조절해야 하는가? 그 방법을 찾으면 된다. 그 방법을 찾고, 다이어트에 성공하면 이전의 저녁식사는 성공을 위한 하나의 과정이 되는 것이다. 내가 좌절했다고 무너지지만 않으면 된다. 길을 찾기만 하면 된다. 모든 길에는 배움이 있다. 그 배움을 어떻게 활용하고 다음 길을 찾느냐, 어떤 삽을 들게 되고, 어떤 땅을 팔 것이냐, 그걸 정하는 시간이 지금이다.

물론 30대에, 혹은 그 이상의 나이에 내가 원하는 목적을 달성하기 위해서 삽을 드는 사람도 있을 것이다. 시간에 흔들리면 한번에 여러 구멍에 삽을 뜨는 사람들도 있을 것이다. 정말 내가 원하는 깊이까지 도달할 수 없을지도 모른다. 물이 나오기 1m 전에 포기할 지도 모른다. 얕은 구멍만 파다가 끝날지도 모른다. 그런 사람들은 초조함의 잠식 골짜기를 만든다. 건강하지 못한 사람이다. 초조함의 잠식이 골짜기를 만든다면 적당한 의지를 가지고는 쉽게 빠져나오지 못할 것이다. 늦은 나이에 원하는 목적을 달성하기 위해 삽을 뜨는 것은 정말 존경받을 만한 일이다. 칭찬받을 만한 일이고, 멋진 일이다. 시간에 쫓기면서 삽을 뜨지는 말자. 그렇지 않기 위해서 우리는 20대에 정말 많은 구멍과 지반에 다양한 종류의 삽을 떠 봐야 하지 않을까?

초조함의 잠식구간에서 나는 생각에 의한 움직임에 따라 결정만 했던 것은 아니다. 당연한 일이지만 물론 결과를 위해 노력한 과정도 존재했다. 하지만 결과를 위해 노력한 것이 스스로의 몸에 체득되기 위해서는 시간을 다룰 줄 알아야 했다. 당시에는 시간에 대한 중요는 크게 느꼈지만 시간을 잘 다루는 법을 얻지는 못했다. 휴학의 시계에서는 일반적인 학생보다 1년 동안의 바깥 세상을 체험할 기회를 얻었다고 생각했다. 그와 함께 일반적인 삶에서 1년 뒤처졌다고 생각했다. 그게 초조함으로 잠식되게 만든 이유였지만 시간을 허투루 보내지 않을 수밖에 없다는 당위성을 부여한 이유이기도 하다. 그래서 시간을 계획한대로 보낼 수 있는 방안들을 마련했다.

첫 번째는 공부였다. 일단 대학교에 처음 들어가서 배운 공부에 "전공은 가볍게"라는 것을 보고 놀랐었다. 1학년은 어쩔 수 없다. 하지만 학부생 수준에서 크게 달라지는 것이 없다는 것도 사실이다. 사실 나는 전공을 위해서만 공부하고 싶은 생각이었다. 고등학교 때는 어쩔 수 없이 내신을 위해 하기 싫은 공부도 해야 했다. 대학교에서는 달라질 줄 알았다. 하지만 전공이 없는 교양 위주의 1학년 수업이라 그런지 그저 고등학교의 확장판으로 느껴졌다. 그래서 학교에서 진행하는 전공과목의 전공서적들을 모두 구매해서 내가 스스로 공부하는 방안을 선택했다. 어차피 학교에서도 공부는 스스로 하는 것이었다. 강의를 듣는다고 나아지는 건 없었다. 진도체크용 정도였다. 그래서 나는 원하는 전공 서적을 구매했고, 호주 가기 이전까지 학교 2~3학년 전공 수준인 전기전자공학개론, 회로이론, 전력전자공학을 두 번 이상 완독하며 세부 문제를 모두 풀 수 있을 정도로 공부했다. 그와 함께 형식적인 공부를 싫어하는 나는 새로운 선택을 했다. 전공 공부를 하면서 자격증 공부를 같이 하는 것이었다. 자격증을 굳이 따지 않더라도 자격증 참고서에 나오는 전반적인 내용은 전공책과 유사한 내용이 많고, 내가 그토록 원했던 실무적인 지식과 결합하는데 매우 중요한 포인트를 만들어 줬다. 그래서 나는 전공공부와 함께 기능사~기사 참고서를 함께 구매하여 실무적인 지식도 함께 공부하였다.

초조함의 잠식구간에서는 내가 시간을 잊도록 만드는 것이 가장 중요하다. 어떠한 결과가 만들어질 때까지, 불확실한 미래를 구분하지 못하게, 시간이 흘러가는 것을 인지할 수 없도록 나를 위장하는 것이다. 그 첫 번째 방법은 공부였다. 그 결과는 호주를 갔다 오고, 어느 정도 나의 길이 정해진 이후, 초조함의 잠식 구간에서 벗어난 뒤에 매우 발전된 효과를 보였다.

두 번째는 일이다. 나는 학교를 다니면서 과외를 했었다. 학벌 자체가 과외가 잘 들어오는 수준은 아니었다. 그리고 처음에는 그저 용돈벌이로 시작한 과외였다. 하지만 특수한 과외였기에 수입이 되는 정도의 수준까지 가기는 어렵지 않았다. 일단 너무 편했다. 시급도 10~30만 원 정도였기에 한달에 두세 건만 해도 살아가기 충분한 수준이었다. 하지만 다양한 일을 하기에 항상 문제가 되는 편이었다. 그러니 수요가 적어도 기다리게 되며, 다른 일을 구하려 하지 않았다. 초조함의 잠식을 막기 위해서는 시간의 흐름을 위장해야 한다. 그래서 나는 다른 일을 병행했다. 목표가 오직 돈이 되어 일을 하지 않았다. 내가 하는 다른 일을 방해하지 않는 선에서 시간을 위장했다. 초조함에 잠식에 빠져든 것 같다면 일단 집에서 나와야 한다. 대부분의 사람들은 집에 있을 경우, 할 수 있는 것이 많이 없다. 더 초조해질 수 있다는 말이다. 오랜 기간 지속되면 은둔하게 되는데 이때부터는 치료를 받아야 할 정도로 심각한 문제라고 본다. 그래서 되도록 밖에서의 생산적인 활동을 통해 시간을 위장하고 움직여라. 앞서 말한 과외 또한 호주에서 복귀한 뒤, 어느 정도 나의 길이 정해진 이후, 전과외라는 새로운 이름으로 매우 발전된 효과를 보이게 된다.

세 번째는 성취다. 일단 닥치는 대로 참여해라. 이익을 따지지 말아라. 내가 도움되는 활동만 참여하지 말고, 시간이 아깝다고, 귀찮다고 미루지 말아라. 그냥 간단한 박람회부터 포럼, 공모전, 대외활동, 시험, 보조알바 등 시간을 투자하고 성취를 받을 만한 모든 걸 참여해라. 간단해도, 대단해도 성취라는 목적만 있으면 상관없다. 성취를 통해 내가 보내온 시간이, 내가 겪어온 초조함이, 일반적이고 버려지는 시간 또는 단순한 초조함이 아니었음을 스스로 확인시키는 일이다. 당시에 나는 여러 창업 포럼, 다양한 공모전 등을 통해 작은 성취를 이루고 시간을 위장했다. 나는 여러 창업포럼 중 정주영 창업경진대회에 참석했다. 정말 많은 사람들의 창업스토리를 보고, 부스에서 실제 창업자들과 내가 가진 비전을 이야기하며, 어떤 사업들이 데모되는지, 어떻게 다른 사람들이 사업을 준비하는지 등을 알 수 있는 좋은 기회였다. 다이슨 어워드에 무작정 제출한 아이디어는 심사과정에서 외국 심사위원들과 같이 이야기할 수 있는 기회로 만들어졌다. 내가 생각한 아이디어의 문제점, 상용화 방안 등을 외국 심사위원과 논의할 수 있는 좋은 기회가 되었으며, 아이디어의 실현을 위해 어떤 과정이 필요할 지 분석적인 사고를 하게 되었다. 이외에도 많은 기회가 있었다. 그리고 앞선 정주영 창업경진대회, 다이슨 어워드는 모두 예선 탈락했다. 하지만 정주영 창업경진대회에서 내 비전을 같이 이야기했던 개발자는 추후 컨택되어 전과외의 온라인클래스 운영과정에서 도움을 받을 수 있게 되었으며, 다이슨 어워드의 심사과정에서 심사위원들이 집어 준 보완점을 토대로 새로 논문을 쓰고 대회에 출품하여 성과를 가져올 수 있었다. 내가 예선탈락이 두려워서 출품을 안 하고, 집에 갇혀 있거나, 성취하려 하지 않았다면 또다시 초조함에 잠식되는 시간을 보냈을 것이다. 하지만 초조함의 잠식을 위장하고 스스로의 성취를 위해 만든 기회는 반드시 다양한 경험을 만들고, 스스로에게 배움을 가져다주었다.

 내가 느낀 초조함의 잠식구간에서 꼭 하지 말아야 하는 것이 있다.(물론 사람마다 다를 수는 있다) 나는 대화의 중요를 느꼈다. 누구와 대화를 하는지는 매우 중요했다. 본인이 초조함에 잠식된다는 건 시간에 쫓긴다는 것을 스스로 알고 있다는 것이다. 그렇다는 것은 누군가 현재 나의 위치, 나의 상황, 나의 비전 등을 물어보았을 때, 내가 말할 수 있는 답이 명확하지 않다는 것, 그리고 시시각각 변화한다는 것을 나타낸다. 그리고 그 답은 본인뿐만 아니라 상대방에게도 확신을 주지 못한다는 것이다. 이 사실을 알면서 다른 사람을 만나고 지속적인 대화를 하게 되면 자연스럽게 서로의 대화 속에는 태클이 있고, 대화 속의 잔상이 남게 된다는 것을 느꼈다. 나도 모르게 다른 사람은 내 인생을 평가하고 있고, 난 그 평가받는 입장이 되었으며, 서로의 인생에 대해 비관적인 시선이 되어 서로의 대화에 잔상을 남기고 있었다. 그래서 누구와 대화를 하는지도 중요하고, 어떤 대화를 하는 지도 중요하지만, 가장 중요했던 건 "대화의 가치" 그 자체였다. 누구나 초조함의 잠식을 지나고 나면 그렇고 그런 일반적인 대화의 필요를 느끼지 못하게 될 것이다.

일단 초조함에 잠식되지 말자, 초조함의 잠식은 반드시 찾아온다. 하지만 초조함을 견딘다는 것은 명백한 멘탈 차이다. 어찌되든 시간은 흘러간다. 누구의 시계가 빠르게 흘러가고 느리게 흘러가느냐는 내가 지금 하는 일에 따라 달라진다. 시간은 흘러가고 나는 그 시간을 잘 보낼 수 있다고 생각한다면 그냥 온전한 내 시간을 알차게 보낼 수 있는 것이다. 하지만 대부분의 사람에게, 그리고 목적성을 찾기 위한 보편적이지 않은 휴학을 한사람이라면 더더욱 초조함에 주의해야 한다.

(+) 08:00
→ "꿈을 꾸면 되는 줄 알았던"

〈매력적인 꿈을 꾸려고 매일 최대한 오랜 잠에 들었다.〉

　돌아보면 휴학 초기 계획이 거창했다. 물론 1년 안에 답을 내기로 했으니까 그럴 수 있다. 하지만 계획의 근본적으로 돌아갔을 때, 다양한 것을 시도하고 싶었다. 학교에서 하지 못했던 많은 것을 밖에서는 할 수 있을 것이라는 믿음, 그게 시작이었다. 휴학을 경험하고 난 지금, 그때 계획의 절반도 이룰 수 없었다. 휴학을 통해 이룰 수 있는 계획은 정말 한정적이었다. 내가 계획했던 대부분은 허무맹랑했으며, 그저 달그림자를 쫓는 듯한 이룰 수 없는 계획들이 많았다. 그렇다면 나는 왜 그런 허무맹랑한 계획들을 휴학기간에 하겠다고 선언했을까? 나만 그런 것일까? 다른 사람의 휴학생활은 어떻길래? 그래서 나는 휴학기간 동안 다른 사람의 휴학생활도 많이 살펴보았다. 객관적인 지표가 없었기에 주관적인 지표를 객관화해야 했다. 그리고 내린 결론은 모두가 생각하는 것과 같았다. 휴학은 처음 하는 사람들은, 특히 목적성을 찾기 위해 휴학을 시도한 사람들은, 휴학에서 어느 안정기에 접어들 때까지

어떠한 환상 속에서 살게 된다. 처음 접하는 바깥 공간이 어떠한지 인지하지 못한 상태에서, 사막인지 오아시스인지 모를 공간에서, 마치 내가 뭐라도 되는 것마냥 본인을 과대평가하여 온갖 계획을 설정하고 모두 이룰 수 있을 것이라는 착각 속에 살게 된다. 목적성을 찾는 휴학을 시도하는 사람들은 더더욱 본인이 어디까지 성취할 수 있는지 잘 알고 있지 않다. 그래서 더욱 무모한 계획을 설정하고 시도한다. 그러다가 안정기에 접어들게 되는데 안정기라는 것은 내가 할 수 없는 일에 대한 인정을 하고부터이다. 내가 학교를 나온다고 뭐든지 할 수 있다는 믿음을 버리고 rezero의 마인드로 돌아갈 때 안정기에 들어설 수 있게 된다. 이전까지의 계획은 모두 허무맹랑한 스토리라고 생각해도 무방하다. 그리고 팩트는 목적성을 찾기 위해 1년 안에 내가 살아갈 진로의 답을 정한다거나, 1년 안에 삶에 변동을 줄 만한 중대한 사항을 만드는 것은 과감하고 무모한 짓이라는 사실이다.

   우리는 영화, 드라마, 책 등을 보며 많은 사례를 접한다. 주인공이 꿈을 꾼다. 주인공이 꿈에서 깨고, 학교를 자퇴한다. 그리고 여러 고난을 겪으며 차린 가게가 대박이 난다. 그리고 주인공이 연 매출 300억 하는 회사의 주인이 된다. 예쁜 여친이 생긴다. 인생이 풀린다. 효도한다. 대부분의 서사가 그렇다. 그러다 보니 목적성을 가지고 틀 안에서 나오는 사람이 아니라면 한 번쯤은 생각한다. "나도?" 이게 문제다. 매체가 버려 놓은 스토리에 사람은 현혹된다. 아무도 그렇게 될 수 없다. 우리에게 갑자기라는 것은 없다. 1년 휴학했다고 연 매출 300억 CEO가

되어 세계를 누빌 수 있을 것 같은가? 그게 꿈이라는 것이다.

결론적으로 20대는 정말 다양한 경험을 통해 생각이 시시각각 변하는 시기다. 이것도 해 보고 저것도 해 보고 싶다. 이건 이유가 된다. 하지만 어떠한 정해진 일만을 하기 위해 진로를 정하고, 그 길로 나아가겠다고 확정하는 건 그저 원대한 또는 학교를 부정했기 때문에 나온 결과물이 아니었을까 싶다.

휴학 초기에 많은 꿈을 꾸었다. 몽상이 아닌 비전을 말한다. 누구나 시작 단계에서 하는 오해가 있다. 앞서 말했듯 모든 과정 중 시작 단계에서 본인에 대한 메타인지가 가장 떨어진다. 하지만 모든 사람은 시작 단계가 존재한다. 그리고 대부분의 사람들은 시작 단계에, 혹은 시작 단계 이전에 계획이라는 것을 만든다. 메타인지가 가장 낮을 때 내가 가야 할 길을 만드는 것이다. 참 멍청하지 않은가? 필수적으로 계획을 수정하고 또 수정해야 하는 이유이다. 이때 많은 이들이 본인이 '꿈을 꾸면 반드시 될 것이다'라는 가정을 필수적으로 하게 된다. 이는 결과론적인 삶에 대한 부정적인 결과를 산출한다.

내가 가진 첫 번째 휴학 초기의 큰 목표이자 큰 계획은 워홀이었다. 워홀을 통해 내가 원하는 분야의 직업에서 내 경력을 늘리며, 외국에서의 실무적인 역량을 만들고 싶었다. 내가 바라는 워홀은 그랬었다. 하지만 계획과는 다른 워홀의 실체와 내가 생각하는 주변인들의 시선(워홀을 가라고 뭐라고 하는 그 시선)에 대해, 그리고 내가 외국에서 얻어낼 수 있는 결과물에 대해, 결론적으로 나는 단기간의 체류기를 생각했다. 나는 한국에서 잡을 구하고 호주로 떠나게 되었기에 한국에서 인터뷰를 하고 일처리를 했는데, 워홀 준비기간 동안 세 가지의 일을 구하는데 성공했다. 처음은 솔라팜이었다. 흔히 말해 호주의 가정이나 아웃백에 태양광을 설치하는 전기일이다. 전기 매니저 일이었고, 원하던 전기 일이라고 생각해서 지원했었다. 같은 회사에 2번 떨어졌다. 3번째에는 떨어질 생각으로 교수님께 드렸던 1,000장짜리 포트폴리오를 회사 메일로 보냈다. 다음 날 메일이 왔고, 간단한 인터뷰를 통해 합격이 되었다. 이후 나는 호주 시드니에서 솔라팜 일을 하게 될 줄 알았다. 하지만 결과는 아니었다. 솔라팜은 호주 전기 노가다였다. 분명 매니저 직급이니 전기에 대한 업무적 지식을 배울 수 있을 것이라고 생각했지만 호주 대부분의 솔라팜 기업에서 워홀비자를 가진 사람을 채용할 때 워홀러들은 한국에서 공부하던 기능사의 10% 이상으로 실무지식을 쌓을 수 없었으며, 위험하기만 한 잡이었다. 배선작업이 주를 이뤘는데 도대체 스트리퍼, 드릴 이상으로는 장치를 사용을 하지 않는 것 같았다. 내가 생각했던 전기 일은 아니었다. 이후 전자 엔지니어링, 전기 기능 엔지니어링 분야로 업무를 찾았으나 워홀 비자를 이용하는 구직자는 구하지 않았다. 그래서 처음에 목표했던 경력을 쌓기 위한 전기 일이나, 전자 분야의 일을 구하기는 힘들었다.

　다음 잡은 크루즈였다. 숙소를 제공하는 잡을 찾았고, 배 안에 직원 숙소 및 생활환경이 모두 제공된다고 해서 지원했다. 전기전자 전공, 대회나 개발 실적 등을 첨부하니까 크루즈 매카닉으로 배치해 준다더

라. 하지만 현지에서 보내 준 사진으로 크루즈 내에서 2달간 생활하기에는 열악한 환경을 보았다. 한번 배 타면 3개월 이상은 내리지 말아 달라고 했다. 무슨 해군 병영도 아니고, 팔려 가는 노예 선박에 몸을 싣는 거 같아서 취소했다.

마지막 직업은 식료품점이었다. 시드니 외곽의 식료품점으로 직원 숙소 제공, 시급도 괜찮았다. 두 달 동안 시드니 외곽의 식료품점에 취직해서 영어 같은 외국 경험이나 쌓고 오자고 갔다. 결론적으로 한국에서는 내가 원하는 직업을 찾을 수는 없었다. 전기 일도, 전자 일도 하지 못했고, 식료품은 무슨 말인가. 그래도 나는 호주에 있었던 기간을 정말 뜻깊은 시간이라고 생각한다. 체류 이전~체류 이후까지 정말 많은 것을 배웠다. 물론 호주에서 많은 것을 배웠지만 처음 계획한 휴학의 목표이자 꿈, 워홀에서는 많이 멀어진 한 달 살기에서 꿈만 꾸면 되는 줄 알았던 나의 모습을 알 수 있었다.

나는 워홀을 준비하며 한국에서는 경력 없이 내가 원하는 직업을 찾기는 힘들다는 사실로 인해 다른 내용에 집중했다. 약 3개월간의 워홀에 대한 제반조사를 통해 느낀 사실을 기반으로 진행하던 프로젝트였다. 현지에 가기 전 워홀에 잡이나 숙소를 모두 구하고 갈 생각이었기 때문에 한국에서 호주 현지의 사이트에 접속해서 여러 상황을 알아보아야 했다. 그러면서 자연히 생각하게 되었고, 시작하게 되었다. 워홀을 준비하는 사람들은 매년 30,000명 규모이다. 호주에 체류하는 한국 교민만 170,000명 정도이고, 이 중에 직업, 숙소 등을 구하는 숫자는

20~30% 정도이다. 하지만 호주에서 내수적으로 직업이나 숙소를 구하는 웹페이지는 모두 호주 현지 사이트에서 따로따로 운영되고 있으며, 해당하는 사이트를 현지가 아닌 타국에서 사용하는 과정은 매우 큰 불편함이 존재했다. 또한 워홀을 전문으로 하는 사이트는 한국이나 호주에 존재하지 않아서 일반적으로 호주판 잡코리아, 사람인 같은 곳에 접속하여 구인구직을 하게 되는데 일반적으로 호주 현지가 아닌 타국에서 잡을 구하기는 어렵다. 보통 우리나라에서 워홀을 준비하는 사람의 경우 이러한 제반조사에 평균적으로 3개월가량이 소요되는데 원하는 직업 또는 숙소를 얻기 위해 대행사에 고액을 지불하고 대신 처리하는 경우도 존재한다. 나 또한 워홀을 약 3개월 정도 준비하며 어떤 사이트에서는 연락이 오고, 어떤 사이트에서는 접근조차 어렵고, 숙소는 구하는 것 자체가 힘들다는 여러 불편함을 마주하게 되었다. 그래서 호주 현지의 워홀을 위한 잡, 숙소 등을 위치 정보화하고 현지에서 소통 가능한 플랫폼이 필요하다고 생각했다. 그리고 우리나라에는 30,000명 정도인 수요를 해외 사이트와 접목한다면 해외의 워홀인구 수요와 접목할 수 있을 것이라 생각했다. 그래서 나는 오히려 "워홀"이라는 경험에 치중하는 것보다 "워홀을 위한 시장"에 접근하는 방법을 모색했다. 그런 생각으로 호주에 도착해서 더 뜻깊은 시간을 보낼 수 있었다.

 멕시코, 브라질, 미국, 아일랜드, 인도, 중국 등 24~28세까지의 다양한 사람들은 만나며, 그 나라에서 워홀을 어떻게 선택했고, 얼마나 걸렸고, 어떤 방식으로 오게 되었는지 알아보았다. 타 국가의 워홀 시스템과 플랫폼, 비자발급, 가격, 사용하는 어플 등을 교류하며 잡을 구하는 패턴을 익혔다. 우리나라에서 한인 채팅방을 쓰고 한인 플랫폼을 많이 사용하는 것이 프로그램 개발에 어떤 문제가 되는지도 알게 되었다. 그리고 무엇보다 워홀러들에게 필요한 건 잡이나 숙소 같은 것보다 기본적인 생활환경이었다. 우리나라처럼 활발하지 않은 서비스로 인해 밥을 거르는 워홀러들은 허다했고, 의식주에서 가장 중요한 건 식이라는 것이 호주에 도착한 순간부터 보여졌다. 나는 모든 것이 처음이었다. 물론 외국은 많이 나가 봤지만 혼자는 처음이었고, 혼자 숙소를 구해서 거의 매일 새로운 얼굴의 외국 또래 친구들과 같이 지내는 것도 처음이었다. 그래서 나는 더 새로웠고, 더 많은 것을 알 수 있었다. 그리고 배웠다. 단순한 워홀로 끝나면 안 된다는 것, 워홀에 온 대부분의 사람들은 경험을 얻어 갔고, 그에 따른 시간을 지불했다. 근데 단순히 '경험만 얻었으니 워홀은 성공이야'라고 생각하는 사람들은 없었다. 워홀이 끝나고 돌아가는 사람들은 얻어 가는 배움이 있었다. 물론 나는 한 달 살기였다. 적은 시간을 지불했지만 그 시간에 따른 배움을 얻을 수 있었다. 내가 한국에서 어떻게 살아가야 하는지와 앞으로 한국에서 어떻게 길을 찾을 수 있을지 방향성에 대한 답을 얻어 왔다.

　워홀을 통해 경력을 쌓으려던 첫 꿈이 생각 외로 다르게 돌아가며 느꼈다. 한국에 돌아와서 워홀을 가겠다는 사람에게 항상 하는 말이 있다. "정착할 것인가?" 가장 중요한 질문인 것 같다. 내가 정착할 생각이 없는데 외국에 가서 하는 고생은 한국에 돌아올 때 큰 의미(한국에서 하는 일 이상의 의미)가 없다. 그렇기에 일단 외국에서 고생할 생각이 있다면 일단 한국에서 두 배로 고생해라. 그리고 판단해라. 무작정 떠난다고 외국에서 할 수 있는 일이 존재하지는 않는다. 그리고 그렇게 떠난다면 스스로에게 더 큰 타격만 남는다. 처음에 꾼 꿈은 꿈을 꾸면 될 줄 알았던 몽상이었다. 내가 마주한 현실이 진짜 가야 하는 나의 비전이었다. 물론 시간을 지불하면 그에 대한 대가로 배움을 얻을 수 있다. 하지만 효율적인 배움을 얻고, 더 많은 배움을 얻고 싶다면 일단 고국에서 할 수 있는 최대한의 공생을 해 보고 선택해 보자.

앞선 내용에서 이미 느낄 수 있었겠지만 호주에서 일한 시간은 얼마 되지 않는다. 한국에서 정하고 간 직업이 현지에서는 얼마나 차이가 났을까 생각해 보면 바로 답을 얻을 수 있을 것이다. 맞지 않는 계약조건과 전화로만 전해 들은 설명사항이 얼마나 일치했을까…. 나는 오래 있을 만한 곳은 아니라고 생각했다. 여러 사정을 말씀드리고 좋게 좋게 나오게 되었다. 요즘 한국에서 워홀에 대한 시선이 그렇게 좋은 편은 아니다. 내가 처음 학교를 쉬면서 워홀을 생각한다는 것에 사람들이 놀랐던 이유 중 하나도 그것이었다. 많은 사람들이 대학을 가서 어학연수나 교환학생을 가라고 말한다. 굳이 워홀을 가서 왜 고생을 하냐고 말했다. 일단 다녀온 입장에서 나는 워홀이 시선이 안 좋을 이유는 없다고 생각한다. 하지만 1년 이상 머무르고 정착할 생각까지 하는 사람에게만 추천한다. 굳이 정착할 생각이 없고, 나처럼 한두 달하고 돌아올 것이라면 가지 마라. 다들 가서 다양한 경험하고 많은 직업을 체험하고 낭만을 즐긴다고 하는데 사실 그건 포장이고, 끈기가 없는 것이다. 1년 이후의 삶까지 생각하는 사람만 가라. 그냥 하다가 안 되면 다른 것 하지라는 단순한 생각으로 떠날 것이라면 모두에게 민폐다.

나는 그래서 한국으로 돌아왔다. 워홀에 대한 가치판단과 워홀 이상의 가치는 한국에 있다는 생각으로 돌아왔다. 물론 여러 복합적인 이유가 있었지만 도중에 시티로 나왔고 여행을 즐기다가 좋은 때에 귀환했다.

휴학 초기에 워홀과 함께 꾸었던 또 하나의 꿈이 있다. EOD의 꿈을 꾸었는데 사실 그것도 몽상이었다. EOD는 그저 선망의 대상이었지, 내 인생을 그리면서 적응할 만한 공간은 아니었음을 깨달았다. 군대는 그저 군대였다. 나는 EOD에 지원하고 시험을 보는 과정에서 부모님이나 여러 사람들의 조언을 무시했다. 내 선택에 영향을 미치거나 중간과정에 타격을 미칠 것이라 판단했다. 매우 잘못된 일이었다. 영향을 미치거나 중간과정에 타격을 주더라도 여러 방면으로 EOD를 알아보았어야 했다. 현재 EOD가, 공군 부사관제도가 어떻게 이루어졌는지 알고 있음에도 나는 "해 봐야지"라는 자세로 묵인했고 결정이 바뀌었을 때 큰 타격을 입었다. 다른 방식은 아무 준비가 안 되어 있었다. 난 오랜 기간 꿈을 꾼 것이었다. 반드시라는 믿음으로….

나는 5개월간 EOD에 대한 구체적인 정보 없이 시험부터 보고 다녔다. 말하자면 구체적인 정보가 있었다. 하지만 나에게 긍정적인 정보가 아니라 선상에서 제외하였다. 그리고 시험보고, 신검 받고 그렇게 다녔으니, 나는 시간을 바꾼 셈이었다. 내가 정보를 얻는 방법은 주로 일방향적인 정보였다. 인터넷 같은 매체로 EOD, 공군, 부사관후보생, 폭발물 처리 등을 통해 얻을 수 있는 정보들이었다. 사실 요즘 그렇게 긍정적인 정보는 없다. 하지만 나는 EOD의 꿈을 가지고 있던 터라 조금의 긍정적인 정보도 과대 해석했다. 하지만 기회가 되어 양방향적인 정보를 얻을 수 있게 되었다. 공군 EOD 현직자 및 여러 현직자 분들과 소통할 수 있는 기회였다. 거기서 단 한 명도 내 위치, 내 상황에서 EOD를 선택하지 않을 것이라는 결과를 보았다. 그리고 "군대는 군대다"라는 결론, 내가 원하는 것을 이루지 못해도 사회처럼 또는 휴학처럼 빠른 선택이 어렵다는 결론, 그건 나를 크게 고민하게 한 가장 큰 원인이 되었다. 결국 EOD의 꿈도 그저 꿈에 가까워지고 있었다.

  꿈을 꾼다는 건 긍정적인 일이다. 그리고 그 꿈을 향해 실천하는 건 더 긍정적인 일이다. 근데 잘못된 꿈을 꾸고 그 꿈을 실천한다면 그건 긍정적인 일일까? 물론 우리가 꾸는 꿈이 윤리를 떠나서 답이 정해지지 않는, 내가 답을 정해야 하는 꿈이라면 결정은 온전히 나의 몫이다. 그래서 나는 결정보다 실천에 중요도를 믿었다. 내가 결과적으로 잘못된 꿈이었더라도 그 꿈을 실천하는 동안에 스스로 얻는 깨달음 정도는 있을 것이다. 그럼 앞으로의 인생에서 최소한 두가지 이상의 삽질을 위한 고민은 피할 수 있는 것 아닌가? 그리고 구멍을 파는 동안 다양한 배움이 있지 않겠는가? 내가 결정이 명확하지 않는 상태에서 실천을 중요하게 생각한 이유이다.

나는 휴학 초기 호주, EOD 등 결정이 명확하지 않은 계획을 구상했었다. 그리고 그 계획을 수정하고 그저 안전한 방법에 대한 배움보다 "일단 해 봐, 그 속에 배움이 있을 거야" 라는 무브먼트를 사용했다. 그래서 나는 확신이 없는 길에 머뭇거리는 시간을 정리했다. 앞으로의 20대를 그리면 정말 많은 꿈을 꾸어야 한다. 그리고 많은 확률로 그 꿈은 결정이 명확하지 않을 가능성이 높다. 그래서 나는 꿈을 최대한 구체적으로 꾸고, 그 구체적인 꿈에 따라 빠르게 움직이면 머뭇거림을 없앨 수 있다고 배울 수 있었다. 하지만 생각의 속도보다 빠르게 움직이는 행동이 불러오는 결과는 긍정적이지 않을 수 있다는 점도 함께 배울 수 있었다.

나는 정말 많은 몽상을 했다. 호주에 가기 이전 내 상황이 초라했다. 나는 생각 없이 휴학하지 않았다. 학교에 있는 시간이 아까웠다. 내가 밖에 있으면 뭐라도 할 수 있을 시간이라고 생각했다. 막상 밖에 나오니 할 수 있는 게 없었다. 나에게는 아무 경력도, 아무 능력도 없었다. 나를 필요로 하는 사람도, 나를 필요로 하는 공간도 없었다. 내가 필요한 사람, 내가 필요한 공간을 찾으면 그 사람, 그 공간은 내가 필요하지 않았다. 1년은 빠르게 느껴졌다. 나를 온전히 성장시킬 수 있는 시간은 아니었다. 내가 필요한 사람, 공간을 만족시키기 위해 1년은 너무 짧았다. 조급했다. 그래서 점점 행동은 몽상에 가까워졌다. 불안했던 나는 불안한 행동을 하게 된다. 어딘가 정착하고 싶어졌다. 다시 통제된 틀을 찾았다. 기묘하다. 통제된 틀에서 나오려고 그 짓을 했는데, 이 지굿지굿한 고민을 끝내고자 통제된 틀에 다시 들어가고 싶어졌다. 물론 그게 학교는 아니었다. 그래서 몽상을 했다.

나는 지금 친구들의 마음이 모두 이해 간다. 학교를 다니는 친구의 마음도, 재수에 성공한 친구의 마음도, 재수에 실패하고 삼수를 하는 친구의 마음도, 삼수하기는 싫은데 할 게 없어서 고민하는 친구의 마음도…. 모두 겪어 본 마음이다. 동일한 경험이 아닐지라도 휴학을 통해 모든 감정을 경험했다. 통제된 틀, 성취, 실패, 좌절, 고민, 방황…. 그리고 오랜 방황은 본인을 몽상의 기로에 서게 만든다는 것, 그리고 그건 상당히 위험하다는 것. 모두 알게 되었다.

휴학 동안 해 본 많은 몽상은 정상인의 시선에서 대부분 어이가 없게 느껴진다. 하지만 방황 중인, 고민 중인, 나도 내 길이 어딘지 모르는, 지긋지긋한 지금의 life의 종결을 원하는 사람이라면 정말 격하게 공감할 수 있다. 내가 왜 남극기지에 전기파트 근무자 신청을 했겠는가. 호주 방위군에 입대지원서는 왜 쓰게 되었겠는가. 일본에 지원한 입사지원 서류만 50장이 넘는다…. 돌아보면 얼마나 어이가 없는가…. 정상인이라면 뭐 이런 놈이 있을까 싶을 거다. 오랜 방황은 본인을 몽상의 기로에 서게 만든다. 그리고 지금의 지긋지긋한 몽상을 끝내고자 말도 안되는 시도를 하려고 하게 된다. "꿈만 꾸면 될 줄 알았던" 어떻게 보면 가장 위험한 선택이다.

휴학은 방학과 다르다. 아주 많이…. 착각하고 행동하는 사람들이 있다. 방학은 다음 학기를 준비하는 기간이고, 크게 제한을 두고 행동하지 않는다. 그냥 학교에서 보낸 한 학기를 잘 견딘 나에게 제공할 수 있는 최대한의 권리가 되어야 한다. 공부하고 싶으면 공부하고, 여행가고 싶으면 떠나라. 그런데 휴학은 다르다. 휴학은 철저한 계산에 따른 움직임이 필요하다. 중간에 무너지면 답이 없다. 그리고 무너질 만한 기회는 시도 때도 없이 찾아온다. 나는 휴학 기간 동안 많은 사람들이, 휴학과 방학을 유사하게 생각하여 혼동한다는 것을 알게 되었으며, 이에 큰 의문을 가지게 되었다. 휴학은 방학에 대한 시선으로 통칭될 수 없다. 먼저 아무 생각 없이 1년 동안 학교를 쉬는 사람은 없다. 그런 사람은 휴학을 보내고 있는 것이 아니다. 긴 방학을 보내려고 애쓰는 것이다. 결과물이 없을 것이고, 느낀 바가 없을 것이다. 그러니 방학과 휴학이 헷갈리는 사람은 본인에게 대해 다시금 꿈을 꾸도록 하자.

그래서 나는 일반적인 시간과 휴학의 시계에 다름을 인지하고 있었다. 그래서 내가 꾼 꿈, 계획 안에는 경제라는 것이 있었다. 물론 학교를 다닐 때는 어느 정도의 용돈을 받고, 용돈을 통해 생존권을 보장하라고 주장할 수 있다. 가정사에 따라 다르겠지만 대학까지는 부모의 틀에서 완전하게 벗어나지 못한 것도 사실이다.

하지만 휴학의 경우, 특히 내가 생각하는 휴학은 그랬다. 부모님이 12년간 뒷바라지해서 기껏 학교 보내 놓았다. 그런데 학교에 갈 수 없다고 6개월간 발광을 하더니 갈지 말지 1년 동안 고민해 본다더라. 이 상황에 용돈을 달라, 생존권을 보장하라고 주장하는 건 학교를 떠나서 운구차에 실려가야 하는 상황 아닌가?

그래서 휴학하고 나서 나는 바로 용돈을 거부했다. 받을 수가 없었다. 1년간 내가 내 인생을 고민하는데 부모님의 경제권을 빌릴 수는 없었다. 독립을 해서 이런 말을 하고 있으면 별 탈이 없겠지만 독립을 하지는 못했다. 그래서 집에 있는 것이 눈치가 보였다. 애당초 나는 고등학교 졸업 후 독립을 원하던 입장이었다. 하지만 대전으로 장원급제를 하지 못했고, 죽전으로 유배가 되는 상황에, 그렇다고 확실한 경제권을 얻어 독립할 수도 없는 못난 놈이었다. 그래서 전에도 집에 있는 게 마냥 편하지는 않았다.

용돈을 끊고 난 이후, 나의 주 수입은 과외였다. 나는 실적이 필요한 학생들의 보고서나 논문을 쓰고, 첨삭하는 과외를 진행했다. 시급이 높았기에 점점 그런 일만을 기다렸다. 내가 하는 일은 시즌이 나뉘었다. 대회를 자주 나가다 보니 알고 있었다. 대회는 시즌이 존재한다. 그리고 그 시즌이 아닐 때 대회를 준비하는 사람은 정말 드물다. 주로 여름(7~9월) 겨울(12~4월)로 나뉘어서 그때가 아니면 수요가 거의 없다. 그때만 수요가 있다 보니 시즌에는 작업량을 크게 늘려야 했다.

나는 일을 하는 과정에서 항상 단순한 작업으로 끝나지 않았으면 좋겠다는 생각을 했다. 그리고 수요가 일정하지 않아서 항상 이번 달에 수입이 있어도 다음 달의 수입을 걱정하며 생활했다. 이런 생활이 멍청하다고 느껴서 다른 알바를 같이 병행해야겠다고 생각했지만 당시의 나는 호주라는 펜스에 의해 유동적이지 않은 상태였다.

그래서 적은 수입이더라도 안정적으로 할 수 있는 단기 알바나 과외 정도를 진행했다. 그리고 이후에 공부하는 과정에서 부수적인 용돈을 늘리고자 독서실에서 일을 했다. 한 달에 평균적인 수입은 150만 원 정도였다. 내가 일하는 날짜는 종합해 봐야 한 달에 20시간도 안 되고, 거의 모든 일을 재택으로 하며, 내 시간은 온전하게 가져가니, 돈을 적게 번다 많이 번다가 아니라 야무지게 번다고 생각했다. 하지만 내가 꾼 꿈이 경제적인 독립이었다면, 그 꿈을 쳐다보지도 못할 만큼 다른 방향으로 가고 있었다.

나는 돈을 벌어서 온전하게 사용하는 법을 배우지 못했다. 내가 정말 독립하고자 했다면 일단 죽어라 일할 수 있는 자세가 필요했다. 독립하겠다는 꿈만 꾼다고 해결되는 것은 없었다. 독립을 해 보고, 돌아오는 한이 있어도, 생활고에 시달려도, 자취부터 했어야 한다. 그게 아니라면 매달 내가 집에서 잔여하는 것에 대한 최소한의 성의표현이 있어야 했다. 하지만 나는 그저 "돈을 벌고 내가 생활하는 것에 목적을 둔다"라고만 생각했다. 돈의 쓰임새에 대해 자세히 고민해 본 적은 없었던 것 같다. 내가 꾸었던 경제의 꿈은, 경제의 계획은 결국 전혀 다른 방향으로 흘러갔다.

그리고 나는 느꼈다. 학교에 다시 다니는 일이 있어도 용돈을 받는 것보다 내 지갑에서 해결할 수 있는 능력을 기를 수 있는 시간이 지금이라는 것을…. 그래서 나는 호주에 있으면서 다시 한번 꿈을 꾸고, 계획을 세웠다. 호주에 가기 전, 기존 과외 방식이었던 단순 작업 전달 형식을 정기 과외로 전향하고 있었다. 직접 가정에 방문해서 6개월~1년

단위로 대회 및 실적을 설정하고 정기적인 산출물을 가져오는 작업을 진행해서 수입의 안정화를 가져오는 것이었다. 물론 단순 작업 형태의 과외보다 신경 쓸 것도 많고, 시급으로 계산하면 수입이 줄어들었지만 일정한 기간에 일정한 금액이 들어왔기에 일정한 수요를 만들 수 있었다. 호주에 가서 나는 육체 노동으로 경험을 쌓는 현실을 마주하며 느꼈다. 물론 육체 노동도 내가 좋아하는 또는 나에게 경력이 되는 전기전자의 일이라면 괜찮다. 처음 내가 전기전자의 일이라고 생각해서 구한 솔라팜의 일은 그저 배선작업을 하는 노가다였다. 기본적인 배선연결 지식으로 어디 가서 전기 엔지니어라고 말할 수 있으며, 어디서 배운 내용을 활용할 수 있겠는가? 그래서 결론적으로 당시에 안정적인 수입과 생활권을 확보할 수 있도록 구했던 잡은 식료품점이었다. 나는 그때 구했던 잡의 가치와 한국에서 내가 하는 일에 대해 생각했다.

　물론 내가 과외로 밥 벌어먹고 살 건 아니었다. 하지만 내가 진행하고 있는 과외는 수요층만 잘 맞는다면 어느 정도의 기간 동안 괜찮은 수입을 가져올 수 있고, 확실한 경제권을 가질 수 있다는 점을 파악했다. 내가 호주에 2개월 있는다고 한국에 돌아왔을 때 확실한 경제권을 얻을 수 있는가? 아니었다. 하지만 전과외는 가능했다. 그리고 어느 정도의 비전만 섞이면 경력으로 쓰일 만한 주제도 나올 수 있었다. 그래서 계산하고 분석했다. 수요층을 얻기 위한 방법과 현재 운영하는 시스템을 매뉴얼하여 고칠 방법을.

　그래서 호주에서 돌아오자마자 소논문, 보고서 등을 전담으로 작성하는 전문 학원에 채용되어 재택근무를 수행했다. 호주에서 입사지원서를 넣었고, 채용되어 한국에 오는 동시에 일을 시작했다. 돈이 필요했던 것도 맞고, 이런 류의 학원에서는 어떻게 수요가 들어오는지, 어떻게 고객을 유지하는지 등의 운영방식이 궁금했다. 그래서 작업이 들어오면 보고서 등을 작성하며 일을 배우기 시작했다. 대부분의 "이런 류" 학원은 컨설팅 업체와 붙어 있었다. 컨설팅 업체에서 상담을 하고 진로 진학 설계를 마친 학생에게 어느 정도의 예상안을 던져 준다. 그와 함께 학원에서 이런 작업을 같이 해 줄 수 있다고 홍보를 하며 수요를 만들고, 작업을 의뢰하는 방식으로 수입을 만들었다.

하지만 내가 수입을 만들기 위해 가진 패에서 컨설팅 학원을 운영할 수 있는 정도의 패는 없었다. 그래서 나는 초등~고등 논술학원 등에 주목했다. 논술학원에서는 반드시 글쓰기를 위한 수업을 진행한다. 글쓰기에는 다양한 종류, 주제가 있지만 가장 괜찮은, 매뉴얼 할 수 있는, 그리고 성과가 나오는 것이 탐구 보고서였다. 그래서 여러 논술학원 등에 연락을 취하며 내가 하는 과외를 홍보하고 만들 수 있는 클래스를 계산했다. 주 1회, 1시간, 4명 기준, 5개의 클래스만 운영해도 내가 가져오는 월 수입은 400만 원 이상 산출되었다. 호주에서 여러 가지 요인이 작용했지만 크게 작용했던 요인 중 하나가 바로 이거였다. 한국에서 내가 전과외를 매뉴얼하고 운영한다면 그건 경력이 될 텐데 호주에서 하는 일은 그저 경험뿐이었다. 그렇다면 상대적으로 '오랜 기간의 경험을 했으면 돌아가는 것이 맞지 않나?'라는 생각과 함께 내가 한국에서 어떤 일을 해야 하는지 답이 나왔다. 전과외는 꿈만 꾸면 되는 줄 알았던 생각을 변화시킬 수 있는 계기가 되지 않았나 싶다.

또 다른 꿈, 또 다른 계획은 공부였다. 휴학 이전, 나는 어떤 공부를 통해 어느 정도 위치까지 도달할 수 있을 것이라고 생각한 틀이 있었다. 그 이전에는 공부를 해도 불안했다. 돌아보면 공부를 적게 하지 않았다. 5개월 동안 전공 책 3권, 자격증 책 1.5권 보고, 이외에도 언어 공부, 독서, 공모전에 나갈 보고서 공부, 논문 작성, 당시 진행하던 창업 프로젝트 등등…. 근데 그게 다 불안했다. 종착지가 없었기 때문이다. 그래서 꿈을 꾸었다고 하는 것이다. 도착지 없는 비행기표를 사고, 어디로 도착할지 모르는 채로 여행을 떠났다는 생각만 하고 있는 것, 행복한가? 불안한가? 그것 하나로 버티고 있었기에 계단을 올라가는 것이 아닌 동아줄을 잡고 끌어당겨 올라가지고 있었다. 그래서 불안했다. 항상. 내가 공부를 해도, 운동을 해도, 책을 읽어도, 여행을 가도, 잠에 들어도, 난 이 상황이, 이 불안이 얼마나 지속될지 몰랐고, 이 상황과 이 불안이 지속된다면 1년 동안 얻어 가는 답이 명확하지 않을 것이라는 확신이 있었다. 그래서 항상 불안하게 초조하게 있었던 것 같다.

그래서 또다른 꿈, 또다른 계획이었던 공부도 그저 꿈같던 일이라고 말할 수밖에 없다. 아쉬웠고, 미련이 남는다.

계획한 대로 어느 정도의 답이 정해진 이후, 나는 그 불안이 점차 사라지는 것을 느꼈다. 내가 꾸었던 꿈이 그냥 꿈은 아니었음을, 내가 실제로 하고 있음을 느끼고 나면 불안함을 없앨 수 있었다. 그 행동을 위해 나는 움직여야 했었다. 내가 휴학 초기 5개월 동안 집에서 80%의 시간을 보내며 100%의 불안함을 가졌다. 하지만 5개월의 시간이 지난 후 집에서 50%의 시간을 보내며 30% 불안함을 가지고 있다. 내 계획대로 움직이고, 성취하다 보면, 그게 꿈에 가까워지다 보면, 언젠가는 불안함이 0%에 수렴하지 않을까?

    사람들은 휴학 초기에 계획을 한다. 휴학이 끝날 때쯤에는 어디까지 실행되어 있을지를 상상하며. 그리고 대부분의 사람은 휴학이 끝날 때 많이 이루어지지 않은 결과물을 보고 실망할 것이다. 휴학 초기에 계획한 것은 꿈을 꾼 것이기 때문이다. 근데 휴학 초기에 큰 꿈을 꾼 사람은 이루어진 결과물이 크다. 하지만 자신에 맞는, 아니면 자신과 타협하며 꿈을 꾼 사람은 이루어진 결과물이 작을 것이다. 꿈을 꾸게 되면 자신과 타협하지 마라. 차라리 무조건 큰 꿈을 꾸고, 과정에서 타협하라. 어차피 계획상태의 본인이 가장 메타인지가 낮다. 자신이 자신을 너무 잘 알아서 "나는 이것밖에 못 할 거야"라고 스스로를 가두면 그 휴학은 그저 본인이 의도한 것 이하의 휴학으로 남을 것이다.

    일단 꿈을 꾸자, 아주 깊게….

(+) 15:00

→ "짜여진 틀, 허탈함"

〈물고기가 작은 어항에서 벗어나고 싶다고 물 밖에서 살 수는 없는 것.〉

휴학이 어느 정도 진행된 때, 나는 궁금해졌다. 내 휴학이 어느 정도 지나가고 있는지, 그리고 다른 사람들의 휴학 생활이 진심으로 궁금해졌다. 그 사이에 내 주변에도 휴학한 사람이 두 명이나 더 늘었다. 그들의 이유도 학교가 본인이 생각한 학교 같지 않아서였다. 그렇다면 다른 사람들은 왜 휴학을 하고 어떤 일을 하는지 궁금했다. 찾아보기 시작했다. 가장 먼저 한 일은 내 휴학의 진행도를 정리하는 일이었다. 다른 사람의 휴학을 객관적으로 살펴보기 위해서는 내가 휴학 기간 동안 어떤 것을 해 왔는지 알 수 있어야 했다. 휴학 동안 한 활동을 체계적으로 정리했다. 막상 체계적으로 정리하려고 했으나 그렇게 특별한 게 없었다. 내가 전문자격시험을 보겠다고 휴학한 것도 아니었고, 공무원을 준비한 것도 아니었다. 그렇다고 극단에 들어가 유명해진 것도 아니었고, 100만 유튜버가 된 것도 아니었다. 나는 1년 동안 전기전자에 대한 다른 길을 찾고 있었고, 그렇게 특별한 성과를 얻었다고 할 수 없었다. 그래서 나는 처음으로 "휴학 계획"이라는 단어를 인터넷 검색창에 검색해 보았다. 검색창을 내리면서 본 결과는 나를 허탈하게 만들었다. 그리고 내가 실제로 휴학한 사람들을 만나게 되면서 이야기하고 느낀 바는 그 허탈함을 크게 만드는데 일조했다. 검색창에는 유사한 결과들만 나왔다. 공부, 여행, 공모전, 봉사활동, 독서, 자격증, 취미, 알바 등등이 있었다. 약 100개의 링크에서 보여 주는 대부분의 정보는 그랬다. 모두 내가 하던 일들이었다. 공부를 하러 나온 사람도 여행을 위해 고민한다. 여행을 위해 나온 사람도 공부를 위해 고민한다. 공모전을 하던 사람도 자격증을 고민하고, 자격증을 따던 사람도 공모전을 고민한다. 정말 특별함을 위해 살지 않은 사람은 그저 휴학이라는 새로운 틀 안에 다시 갇히게 되는 것이었다. 난 학교라는 체제에 의문을 가지고 '학교에서 나온다면 무엇을 할 수 있을까'에 대해 알아가는 과정에 있었다. 일반적인 휴학과는 달라야 한다고 생각했다. 근본적인 물음이 다르다고 생각했다. 어떤 목적성을 가지고 정해진 목적을 달성하기 위해 학교 밖으로 나온 것이 아니었다. 새로운 목적성을 찾아가기 위해 학교 밖으로 나온 것이었다. 그런데 목적성을 가지고 나온 사람과 목적성을 찾으러 나온 사람이 하고 있는 일은 같았다. 그리고 알았다. 일반적으로 학교를 휴학하는 사람들의 삶은 정말 비슷했다. 창업을 한다거나, 취업을 한다거나, 갑자기 자신의 진로를 찾아 버리는 일은 극히 드물었다. 시간도 많이 필요했다. 1년을 기준으로 할 수 있는 일은 아니었다.

물론 과마다 특이한 케이스가 있다. 연극영화과는 고학년 때 휴학 이후 오디션을 통해 연기생활을 시작하는 비중이 크다는 현직자의 말을 들은 적이 있다. 경영학부에서는 고학년 때 창업 휴학의 비중이 다른 과에 비해 높다고 한다. 지방대의 경우, 편입을 위해 2학년 때 일반 휴학 비중이 커지며, 모든 대학이 반수를 위해 1학년 2학기 때 일반 휴학을 시도하는 사람의 비중이 많아지는 사례도 존재한다. 과에 따라서 회계사, 변리사 등의 전문직을 준비하기 위해 휴학을 내는 경우도 존재하고, 휴학 이후 국가 공무원을 준비하는 경우도 있다고 한다.

하지만 앞서 설명한 특이한 케이스는 모두 특정한 목적성을 가지고 휴학을 시도하는 경우이다. 그렇게 되면 본인의 짜여진 틀에 본인이 하는 행위를 인정하며 살아갈 수 있다. 시간이야 어찌 되었든 본인은 하고 있는 일이 존재한다. 하지만 목적을 찾기 위해 휴학을 진행한 나는 어떤가. 나는 학교라는 공간이 나의 인생에서 얼마나 큰 비중이었는가를 알 수 있었다. 통제된 틀에서 짜여진 틀로 바뀐 인생의 변화가 가져오는 고통이 어떤지 알게 되었다.

1년도 학교를 채 다니지 않고 휴학을 진행한 나는 사회에서, 그리고 내가 원하는 분야에서 아무것도 이룰 수 없었다. 아무 경력도 없고, 분야에 대한 우매함만이 있었던 것이다. 그리고 생각했다. 휴학은 결국 짜여진 틀이었다. 휴학이라는 제도가 그랬다. 학교를 부정하고 학교를 돌아오지 말라고 만드는 시간이 아니었다. 학교를 돌아오기 위해, 아니면 학교와 같은 공간, 그 이상으로 갈 수 있게 하기 위해 나에게 세상을 경험할 시간을 주는 것이었다. 대부분의 사람들은 그 시간에 자격증을 따고, 공부를 하고, 봉사활동을 하는 본인의 계발을 위한 활동을 하는 경우와 취미활동, 여행, 독서 등의 여가를 즐기는 활동을 하는 경우, 알바, 과외 등을 통해 소득을 높이는 경우가 존재했다. 그 이상의 경우, 그 이하의 경우는 없었다. 목적을 찾는 휴학이 아닌 목적성을 가지고 나온 휴학이라면 다르지만 말이다.

나는 시작부터 돌아오는 곳이 학교가 아니었으면 했다. 하지만 나 같은 아무 경력 없는 새내기는 반드시 학교로 돌아오게 만드는 제도였다. 제발 밖에서 경험해 보고 돌아오라고 하는 것이었다. 결국 학교가 종착지가 되는 또 하나의 삽질이었고, 내가 팠던 구멍이 바로 옆으로 나오는 통로를 만들고 있던 것이다. 상당히 허탈했다. 1년 만에 답을 내려고 노력했던, 수행했던 결과물은 결국 학교를 돌아가서 성장하기 위한 발판이었던 것이었다. 그 짜여진 틀 안에서 나는 그저 이리저리 움직이는 쥐새끼였던 것인가?

그리고 내린 결론은 그랬다. 짜여진 틀에서 벗어나는 것은 단순한 2D 도면으로는 불충분했다. 최소 여기저기 구석구석 볼 수 있는 입체적인 시선이 필요했다. 그에 맞는 도면이 없었다. 나는 계획을 가지고 휴학했지만 정말 짜여진 틀에서 벗어나서 내 진로를 찾을 방법은 결국 내 비밀병기를 만든 이후의 휴학에 대한 선택이었다. 4년제 1학년 휴학, 무경력, 분야에 대한 우매함, 그리고 그 이상으로 내가 가진 비밀병기는 무엇이었는가? 결국 나는 짜여진 틀 안에서 놀아날 수밖에 없는 상황이었다. 그 짜여진 틀은 단순한 자신감을 조건으로 날 풀어 주지 않는다. 정말 공인될 만한 나의 능력이 있어야 한다.

이렇게 생각한다. 극한의 상황에서 모두가 필연적으로 사용해야 하는 나의 기술이 존재하는가? 그리고 나는 그것의 정점에 있는가? 그 답에 자신 있게 "당근빠따지"라고 말할 수 있다면 그때는 휴학을 하고 내 길을 찾아도 무방하다. 결국 나는 1년 동안 경험한 것에 많은 배움을 얻고 학교로 돌아가는 엔딩이 아니었나.

그 허탈함이라는 감정은 내가 휴학을 바라보는 시선을 바꾸게 되었다. 목적성을 찾는 휴학에서 가장 먼저 느끼는 감정이 허탈함이라면, 무조건 학교로 돌아갈 선택이었다면, 시도조차 안 했어야 효율적이라고 볼 수 있는 것 아닌가라는 질문을 던질 수 있다. 물론 내가 생각하는 휴학은 짜여진 틀이 맞다. 대부분의 사람은 휴학을 진행하면서 비슷한 life와 비슷한 결과물을 가지고, 학교에 돌아가거나 다른 선택을 하게 된다. 하지만 휴학 과정 동안의 배움의 정도와 시간의 밀도는 사람마다 매우 다르다. 어떤 사람은 휴학기간 동안 소득만을 높이기 위한 목적으로 평일 알바를 풀타임으로 하고 그 과정의 배움을 선택할 수 있다. 또 어떤 사람은 휴학기간 동안 소득과 계발, 여가를 모두 잡기 위해 자신이 원하는 분야의 평일 알바 2개, 파트타임으로 하고 나머지 시간에는 공부를 하며, 주말에는 해당 분야의 자격증을 함께 공부하고, 남는 시간에 본인만의 여행을 다녔다. 그리고 그 과정의 경험을 배움으로 쌓을 수 있다. 나는 배움은 주관적인 지표라고 생각한다. 하지만 배움을 평가한다면 객관적인, 그것도 아주 객관적인 지표가 될 수 있다고 생각한다. 우리가 그냥 간단히 사실적 근거에 의거해서 배움을 비교 및 평가한다면 어떤 이의 휴학에서 배움의 정도와 시간의 밀도가 높았다고 할 수 있겠는가? 당연히 후자일 것이다. 물론 전자의 소득이 압도적으로 높았거나 의도자체가 다르다는 현실의 조건을 반영해야 하기에 배움이 주관적인 지표가 되는 것이다. 그래서 나는 그 부분에 집중해서 내가 그동안 해 온 경험과 앞으로 남아 있는 계획에 대해 배움의 정도와 시간의 밀도를 파악했다.

먼저 내가 호주를 가기 이전, EOD를 선택하지 않기로 결심한 이전, 살아간 휴학의 5개월 동안 배움의 정도는 99%이다. 나에게 있어 배움의 정도는 이전, 현재, 이후로 나뉘었다. 5개월 동안 나는 모든 상황에서 많은 걸 배웠다. 학교 다니면서는 몰랐을 법한 인생을 배울 수 있었고, 나 자신 스스로를 깨달았으며, 어떤 친구가 나에게 진짜 필요한 친구이고, 내가 앞으로 어떻게 살아가야 하고, 정말 중요한 사실들을 배웠다. "이전"의 배움에서 가장 크게 배운 점은 인내하는 법이다. 나에게 남겨진 시간에서 조급함을 버리고 초조함을 버린다면 나는 스스로 어떻게 인내하고 살아가야 하는가? 라는 물음에 답을 할 수 있게 되었다. "현재"에서 가장 큰 배움에서는 나 자신에 대한 배움이다. 스스로가 스스로에 대해 잘 알게 되었고, 내가 그동안 해 온 선택의 이유와 필연성, 앞으로 놓인 상황에서 어떻게 대응해야 할 것인지 등을 알 수 있게 되었다. "이후"에서 가장 큰 배움은 길을 알게 되었다. 그럼 내가 원래 생각했던 길과 다른 길을 선택하고 가야겠구나, "그 길이 오래 걸리더라도, 힘들더라도"라는 것을 깨달았다.

1%의 부족함은 아직 채워지지 않은 나의 조급함과 초조함일 것이다. 모든 상황에서의 배움은 존재한다. 그리고 그 배움의 정도는 자신이 정한다. 내가 많이 배우고 만족했다면 성공한 것이다.

내가 사용한 시간의 밀도는 33%이다. 이전, 현재, 이후의 시간에서 나는 이전, 현재의 시간의 밀도가 높지 않다고 생각한다. "이전"에는 초조함에 잠식되어 스스로를 허비하였고, "현재"에는 나를 알아가는 시간이었기 때문에 시간을 밀도 있게 사용하지 않았다. 나에게 과도한 아량을 베풀었다. 그래서 달리기 시작했던 "이후"의 시간만이 시간의 밀도가 높다고 본다.

시간의 밀도는 정말 중요했다. 내가 쓰고 있는 시간이 다시는 돌아오지 않는다는 것을 알고, 내 시계가 다른 사람의 시계보다 빠르게 가고 있는지, 느리게 가고 있다면 문제가 있는 건 아닌지, 삶에 대해 너무 큰 관용을 주고 여유를 부리고 있는 건 아닌지 살펴보아야 하는 때가 올 것이다.

그리고 나는 현재 배움의 정도와 시간의 밀도를 향상하기 위해 목표를 99%로 맞추고 하루하루를 살고 있다. 그게 내가 생각한 순응 → 적응으로 넘어가는 과정인 것 같다. 기존에 흘러가는 시간을 받아들이던 모습을 능동적으로 대처하고 내가 나만의 시계를 만들어 가는 것이다.

누구나 휴학이 끝날 때까지 "적응"의 과정에 도달하지 못할 수도, 본인이 원하는 답을 얻어내지 못할 수도 있다. 어쩌면 당연한 일이다. 하지만 나를 비롯한 휴학을 경험하는 휴학인들은 휴학을 경험하며, 휴학은 짜여진 틀이라는 것을 깨닫고, 배움의 정도와 시간의 밀도를 잘 활용할 수 있다는 또 하나의 깨달음을 얻어 갈 것이다.

나는 짜여진 틀 속에서 배움의 정도와 시간의 밀도를 보면서 느꼈다. 다른 사람들도 휴학이라는 짜여진 틀 안에서 한정적인 시간과 활동을 해결하는 방법을 찾기 위해 많은 고민과 번뇌에 휩싸인다는 것을 알았다. 내가 투자한 시간에 얼마나 많은 노력이 함께했고, 얼마나 진심이었는지에 따라 얻어 가는 게 달랐다. 나는 단적으로 휴학뿐만 아니라 호주라는 공간에서 워홀을 하는 분들을 보면서도 느낄 수 있었다. 워홀도 짜여진 틀이었다. 정해진 굴레, 틀이 있었기에 대부분의 사람들이 비슷한 루트와 비슷한 활동으로 돈을 번다. 워홀을 갔는데 갑자기 호주 회계사가 되고, 호주 변리사가 되고 이런 경우는 없다는 것이다. 그래서 그들은 정말 비슷한 라이프를 살아야 했다. 나는 호주에 있는 동안 한국인도 많이 만났는데 두 가지 유형의 사람이 있었다. 내가 한국에서 마땅히 할 일이 없어서, 호주에 가면 한국에는 없었던 뭐가 생길까 봐, 그렇게 생각하고 와서 일하는 사람은 그저 버틴다라는 개념으로 워홀을 수행하고 있었다. 하지만 정말 호주에서 무언가를 얻어 가겠다는 의지로 투잡, 쓰리잡을 뛰며, 개인정비 시간에 따로 공부를 하는 사람은 자신에게 있어 배움의 정도와 시간의 밀도를 높게 사용하고 있었다.

  모든 것이 동일한 원리였다. 우리가 죽도록 싫어하며 같이 살아왔던 시험이라는 굴레도 짜여진 틀이고, 자격증, 대회뿐만 아니라 결혼식이나 장례식 같은 가족적인 의식 행사도 짜여진 틀이었다. 그래서 휴학을 한다고 1년 만에 인생에 대한 답이 떡하니 나오는 것도, 갑자기 한국의 재벌이 되는 것도, 내가 그리던 회사를 운영하는 것도, 증오하던 학교가 무너지는 것도 아니다. 1년 동안 내가 할 수 있는 한 배움의 정도와 시간의 밀도를 최대한 끌어올려서 다음 계단을 준비하는 것이었다. 그렇다면 다음 계단 간격이 높아도 내가 성장한 상태에서 가뿐히 뛰어넘을 수 있을 것이다. 내가 원하는 계단 앞에서 다리가 짧아서, 몸이 아파서, 넘어져 있다면 언제 올라갈 수 있겠는가?

  그리고 알게 되었다. 세상의 절반 이상은 짜여진 틀이라는 것. 우리가 통제된 틀에서 훈련을 받았던 것은 금방 경험할 짜여진 틀이 더 어렵기에 그를 준비하기 위한 과정이었던 것. 생각보다 많은 자유가 있는 짜여진 틀에서 그만큼의 방임이 따라오기에 내가 만들어 내야 하는 상황에 적응해 나가야 한다는 것. 그래서 우리가 어릴 적에 짜여진 틀에서 훈련받는 것이 아닌 통제된 틀에서 훈련을 받았다는 것. 통제된 틀은 우리가 짜여진 틀에 나가서 많은 이질감을 받아도 버틸 수 있도록, 금방 적응할 수 있도록 우리를 훈련시키는 장치였던 것이다. 짜여진 틀은 생각보다 너무 많았다. 하지만 그 속의 과정은 모두 통제된 틀을 기본으로 했다.

고등학교 때를 돌아보면 정말 극렬한 반 고등학교 적인 사람이었다. 이유는 "틀"이었다. 누군가는 그 틀에 묵묵히 적응하고 그냥 따라갔다. 하지만 나는 고등학교의 틀이 싫었다. 내신이라는 틀은 모두를 평가하는 지표가 되고, 다른 특기는 그들에게 있어 병기가 될 수 없었다. 자신을 대표할 아무 병기가 없는 병사가 내신에 우월함을 보이면 특급전사가 되는 그런 틀이었다. 그리고 그 틀은 모두에게 각인되어 남들을 평가하고, 서열을 매기게 되었다. 무리에서 낙오하는 병사들은 관리대상이 아니었고, 무리에서 우수한 특급전사들만 관리되어 보존대상이 되었다. 하루의 8시간 가까이, 일주일에 5일을 그런 틀 안에 산다는 건 끔찍했다. 내가 잘하는 분야에서 나만의 울타리를 만들고 내가 생각하는 틀을 제작하기에 좋지 못한 환경이었다. 나는 학교에 적응하지 못했다.

　그 성향은 아직까지 남아 있다. 나는 고등학교에서 벗어남과 동시에 대학이라는 새로운 공간에서는 내가 생각했던 "틀"이라는 것이 열어질 줄 알았다. 내가 생각한 대학교는 보다 자유로운 환경에서 공부하고 개인의 노력에 따라 개인의 발전이 가능한 공간이라고 생각했다. 하지만 대학교는 고등학교와 별반 다르지 않은 "틀" 속에서 공부해야 했다. 내가 생각하는 틀을 제작할 수 있는 공간이 아닌 것은 마찬가지인 것 같았다. 그리고 휴학은 다른 의미의 틀이었다. 고등학교, 대학교처럼 규칙이나 제도에 따라 만들어진 틀이 아닌, 내가 새로운 활동과 환경을 만들며 체적하는 의미의 틀이었다. 처음에는 그것이 매우 반겨졌다. 나와 맞지 않는 틀을 탈피하고, 나와 맞는 틀은 받아들인다는 게 긍정적이라고 생각했다. 하지만 휴학하는 사람들이 체적할 수 있는 정도의 틀은 유사했다. 결론적으로 도달하는 종착지에서 바라보면 같은 울타리에, 같은 틀에 있었다는 것을 알게 되는 것이다.

이쯤 되면 내 의견이 '휴학이 의미 없는 시간이다. 하지마라. 그냥 학교 다녀라'라고 오해하는 사람도 있을 것이다. 앞서 말했듯 이 말이 절대 아니다. 다시 말하지만 단 한번도 "휴학"에 대해 후회한 적이 없다. 의미 있는 시간이다. 하지만 동일한 유형의 틀에서 배움의 정도와 시간의 밀도를 잘 활용해야 한다는 것은 사실이다.

주변에 있는 한 친구가 휴학하고부터 항상 나에게 묻는 질문이 있다. 휴학하고 후회한 적 없냐? 행복하지 않지? 나는 현재까지의 경험적 사고에서 누군가의 삶에 개입하는 것은 굉장히 조심스럽게 생각해야 할 부분이라고 본다. 누군가가 잘못된 길로 간다고 하더라도 정말 미치도록 큰일난 것이 아니라면 그건 그 사람 인생에 있어 하나의 섭리라고 생각한다. 하지만 그 "친구"는 대체로 누군가의 짜여진 틀에 들어오려 했다.

그 친구는 본인의 틀에는 관심을 가지지 않았다. 하지만 남들의 틀에 관심을 가졌다. 본인이 본인의 틀에 관심을 가지지 않으면 아무도 관심을 가지지 않는다. 그리고 대다수의 본인의 틀에 관심을 가지지 않는 사람은 자연스럽게 남의 틀에 관심을 가진다. 내가 사는 인생과 남이 살아가는 인생에 차이점이 존재하니까. 그리고 그 차이점은 본인에게 이상함이라고 생각될 수 있다. 그 차이점이 불안함 또는 깨달음으로 해석되어 본인의 틀을 다시 바라보게 되면 좋겠지만 많은 사람들이 이상함의 감정을 가진다. 그리고 "야, 너 그거 왜 함?" 등으로 해석되어 남의 틀에 개입하는 것이다. 본인의 틀에 없는 점을 남의 틀에서 찾았다고 그 틀을 이상하게 생각하지 말자. 그 사람이 누가 보아도 윤리적으로 잘못된 길로 가는 것이 아니라면 이미 본인의 생각의 범위 이상으로 앞서고 있는 생각일 수도 있다. 본인의 틀부터 바라봐야 한다. 휴학하면서 많은 사람들이 하는 실수이기도 하다. 주변인과 다른 본인의 삶을 보면서 이상함을 느끼고 개입하게 되는데, 상대에 대한 월권이다. 본인의 인생에 집중하는 것이 배움의 정도와 시간의 밀도를 효율적으로 높이는 일이다.

  세상에는 생각보다 많은 짜여진 틀이 있었다. 그걸 몰랐던 나는 처음에 하나의 짜여진 틀에서 벗어나면 다음에는 없을 것이라고 생각했다. 하지만 그 틀에서 벗어나면 기다리고 있는 다른 틀이 많았다. 내가 있었던 틀에 적응하지 못하면 이 세상에 잔여할 수 있는 좌석이 없었다. 그렇다면 내가 나만의 틀을 완성하기까지 세상의 틀에 맞춰가야 하는 것이었다. 새로운 틀을 만들기 위해서는 짜여진 틀을 견딜 수 있어야 하고, 통제된 틀 안에 존재할 수 있어야 했다. 12년간의 통제된 틀에서 벗어난 이후, 가장 먼저 발견한 휴학이라는 짜여진 틀에서는 배움의 정도와 시간의 밀도라는 툴을 이용하여 나 자신의 해석을 달리할 수 있음을 깨달았다. 그리고 내가 다음으로 마주하는 틀에서는 또다른 툴을 이용해 나 자신의 해석을 달리해야 함도 알게 되었다.

짜여진 틀에서 처음으로 느낀 감정은 허탈함이었다. 하지만 오래가지 않았다. 오래가지 않았던 이유는 내가 생각한 툴을 이용해 그동안 경험한 5개월의 짜여진 틀에서 새로운 시계를 만들었기 때문이다. 어떤 활동을 했는가, 어떤 느낌을 받았는가, 어떤 깨달음을 얻었는가는 상당히 중요하게 다가왔다. 효율적인 활동을 할 수 있었기 때문이다. 짜여진 틀에서 처음 느낀 감정을 오래 지속되게 하지 말자. 나만의 새로운 툴을 만들고 그 툴을 이용해 짜여진 틀에 대응하면 된다.

(+) 21:00

→ "적응"

⟨늦었다고 생각할 때가 가장 빠른 때.⟩

목적성을 찾는 휴학은 인생을 배워 나가는 과정이었다. 나는 학교가 싫었고, 학교에 다시 돌아가지 않겠다는 일념으로 1년간 다양한 삶을 체험했다. 그렇기에 학교가 아닌 다른 삶에 대해 더 깊이 빠져들 수 있었고, 돌아갈 곳이 없다는 생각으로 내 삶을 꾸려 나갔다. 처음에는 워홀, EOD 같은 허황된 인생에 대한 시도부터 일반적인 삶으로 돌아오는 적응의 과정까지 다양한 인생에 동화되었다. 모든 순간에 단 한 번의 인생에 없을 것만 같은 삶을 체험했다. 그 속에서 내가 가야 할 길을 배웠고, 내가 가야 할 자세를 배웠으며, 무엇보다 가장 중요한 "적응"하는 법을 배웠다.

내가 휴학을 시작하고 처음 맞아들인 5개월은 적응의 기간은 아니었다. 나는 그 기간을 순응의 기간이라고 부른다. 시간을 어떻게 다루는지 잘 몰랐고, 통제된 틀이 아닌 내가 만들어가는 틀의 공간에 익숙해져야 했다. 한순간, 나에게 늘어나 버린 많은 시간을 잘 다루지 못했다.

공부를 하더라도, 여행을 가더라도, 책을 읽더라도, 내가 하고 싶은 활동의 이면에는 잔상이 있었다. 그 잔상은 내가 늘어나 버린 시간에 대해 쉽게 적응하지 못한다는 하나의 반증이었다. 사람들은 의외로 시간이 없어서 시간에 쫓길 때보다 시간이 많을 때, 더 많은 생각에 사로잡힌다. 그리고 많은 시간을 통해 하는 생각은 때론 그렇게 긍정적이지 않다. 나에게도 그랬다. 갑자기 많아진 시간을 다루기 위해 항상 생각하는 사람이 되었다. 나는 생각이 싫었다. 빨리 그 생각을 끝내고 몸을 굴리고 싶었다. 하지만 몸을 이리 굴리고 저리 굴릴 만한 생산적인 활동을 찾기 위해서 오히려 더 많이 생각했다. 생각은 스스로를 괴롭혔고, 5개월 동안의 기간을 초조함의 잠식으로 만들었다. 그래서 나는 시간에 순응하는 시간을 보내야 했다.

　호주에서 돌아오면서, 나는 가야 할 길을 정했다. 먼저 군 문제를 해결해야 했다. 나는 공군 부사관을 최종 합격한 이후, 많은 고민을 했다. 시험 보러 다니는 동안 EOD만 바라보았다. 원래 결과가 나온 상태에서 고민을 하고자 지원한 것이었지만 막상 결과가 합격이라고 하니, 그리고 다른 방법은 전혀 알아보지 않았다 보니, 뭐가 맞는지 잘 모르는 상태였다. 하지만 확실한 건 있었다. 그동안 사회에서 해 왔던 활동의 방향은 군대로 가는 걸 최대한 피해야 한다는 결과였다.

　그래서 EOD에 대한 길을 접고 돌아왔다. 빨리 군대를 다녀오고, 내 분야에 경력은 사회에서 쌓는 것이 맞다는 판단이었다. EOD도 과대한 고민이 만들었던 하나의 몽상이었다는 결론이었다. 돌아온 다음 날 현역병을 신청했다. 하지만 그동안 EOD 이외의 다른 군입대 방식에 대해 잘 알고 있지 않았고, 선착순임을 인지하지 못했던 나에게 병무청은 8월 입대라는 결과물을 안겨 주었다. 그래서 2월 EOD 입대와 비슷한 일정으로 현역병에 입영할 수 있을 것이라 생각하고 돌아왔으나, 6개월의 시간이 떠 버리게 되었다.

처음에는 당연하게 또 불안했다. 이 시간이 또 아깝게 느껴졌다. 당시에 나는 5개월의 법칙을 끝낸 지 얼마 안 되었을 때라 또 그 감정이 밀려오나 싶었다. 하지만 얼마 뒤 새로운, 그리고 생각보다 단단한 감정을 마주할 수 있었다. 반대의 입장에서 입대 전까지 새로운 시도를 할 만한 좋은 시간이 마련되었다고 생각하였다. 물론 처음에는 갑자기 생긴 시간에 당황했다. 바로 군대에 갈 줄 알았으나 마음대로 되지 않았다. 그래서 내가 선택한 것 중 하나는 군악병이었다. 초등학교 때부터 5년간 취미 드럼을 쳤다. 이후에 상위학교에 진학하면서 공부한다고, 스트레스 받는다고, 5년을 쉬게 되었다. 대학교에 들어가면서 다시 드럼을 시작하였다. 그 당시 드럼을 다룰 수 있는 수준은 5년차 취미, 딱 그 정도였다. 물론 어릴 적에는 입시 드럼을 준비할 생각이 있을 정도로 재능이 있었다고는 한다. 하지만 취미 드럼 실력이 5년차라고 해도 얼마나 잘 치겠는가. 스윙을 친다고 해도 그루브가 없고, 맛이 없었다. 삼바의 clave 주요 포인트를 모르고, 스네어의 타격이 좋지 않아 리듬이 흔들렸다. 새로 배우는 리듬은 딱딱한 악보 그대로밖에 연주를 못하고 내 방식대로 해석할 수 없었다. musical sense도 바닥이었다.

그래서 나는 입대 전까지의 기간 동안 군악병을 준비해 보기로 했다. 셋드럼 군악병은 전공자들도 어려운 분야였다. 실력만 있다고 되는 것도 아니고, 기수 별로 운도 따라 주어야 했다. 나는 실력에만 집중했다. 5년차 취미가 전공자한테 비빈다고 이길 수 있다는 생각으로 접근하지는 않았다. 취미 드럼으로만 머물던 나의 짬을 끌어올릴 기회라고 생각했다. 처음으로 입시 드럼을 배우게 되었다. 다른 일도 병행하며 평균적으로 하루에 5시간 이상 드럼을 쳤다. 롤, 스트로크, 플램 등 드럼 마치에 필요한 기술을 숙달시켰고, 초견 악보에 대한 접근법을 익혔다. 원래 악보를 그릴 줄은 알았다. 하지만 입시를 하는 학생은 아니었기에 악보에 대한 센스는 없었다. 어디에 어떤 리듬을 넣고, 필인을 집어넣어야 예쁜 음악을 완성하는지, 그루브가 나오는지 잘 알고 있지 못했다. 하지만 입시 드럼은 취미 드럼을 배우는 수준과 달랐다. 방법론적인 접근이었다. 어떤 리듬을 어떤 때에 집어넣고, 어떤 식의 필인을 하고, 어떤 타격을 만들어야 하는지 알 수 있었다.

기존 스트로크를 할 때 소리만 내려고 했던 나는 타격에 끊기지 않는 법을 알게 되었고, 리듬 대하는 접근법을 알게 되어 삼바, 스윙, 보사노바의 맛을 볼 수 있게 되었다. 또한 기본기가 어느 정도 올라왔고, 컴핑과 같은 섬세함에 대해 자세하게 연주할 수 있었다. 나는 2개월간 4일을 제외하고 매일 5시간 이상 드럼을 쳤다. 종합할 때 약 310시간 동안 드럼을 쳤으며, 그 시간을 통해 정말 많은 변화가 있었다. 일단 더블 스트로크를 잘하지 못했던 나는 220bpm 이상에서도 더블스트로크, 롤을 할 수 있게 되었다. 드럼 연주에 새로운 장이 열렸다. 게다가 시험 내용인 리듬체인지에 대해 6~10가지 리듬 이상을 기본적으로 자유롭게 연주하는 실력을 갖추게 되었다.

군악병은 선발인원이 정말 제한적이다. 게다가 대다수가 전공자들로 이루어져 있고, 특히 내가 지원한 셋드럼은 경쟁률이 정말 높았다. 그래서 나는 군악병을 바라보고 연습하지 않았다. 내가 전기전자의 인생을 살아가면서 언제 입시 드럼을 치고, 현충원에서 드럼 전문가들에게 심사를 받고, 군악병을 지원한 전공자들과 겨뤄 볼 수 있겠는가. 나는 그 경험을 시간으로 산 것이라고 생각한다. 그래서 드럼 입시생의 인생을 살아 보았다. 나는 음악에 흥미가 있었다는 생각이었지만 드럼 입시 준비를 통해 음악 입시가 얼마나 힘든 삶인지 알 수 있었다. 학원에는 입시생이 2명 있었다. 1시부터 10시까지 드럼만 치다가 간다. 대부분의 시간에 어느 누구도 대화를 하지 않는다. 그저 본인만의 연주에 빠져들고, 본인만의 악보를 그려야 한다. 음악은 공부와는 달랐다. 문제 하나를 풀고 답을 체크하는 과정이 존재하지 않았다. 어느 한 리듬에도 다양한 생각이 섞일 수 있고, 치는 사람에 따라 느낌이 달라진다. 명확한 답, 명확한 지표가 없었다. 취미 드럼 수준에서는 명확한 답이 있다고 생각했다. 그 답을 좇아갔고, 나만의 색깔을 만든다는 생각보다 있는 그대로 드럼을 친다는 생각을 했다. 하지만 입시 드럼의 수준에서 답은 자주 바뀌었다. 우리가 이상적이라고 생각하는 지표를 보고, 답을 찾아 따라가야 하기에 실력이 늘고 있다는 것을 체감하기 어려웠다. 그리고 실력이 늘게 되기까지 오래 걸렸다.

처음엔 사람 욕심이라는 게 그렇다. 실력이 안 되면서 군악병에 지원한 이상 뽑히려고 했다. 하지만 점점 연습을 하고, 나는 객관적인 나의 위치를 알아가며, 정말 많은 깨달음을 얻었다. 내가 왜 대학 밴드부에 재미를 붙이지 못했는지, 드럼을 통해 이룰 수 있는 건 어디까지이며 나는 어디까지 빠져들어야 할지, 나는 앞으로 취미에 대해 어떤 자세를 가져야 하는지 등등…. 그래서 2개월간의 음악 입시가 정말 뜻깊었다.

휴학하고 집에 있는 시간이 길었다. 스스로도 밖에서 하는 생산적인 활동을 원했기에 어떻게든 밖으로 돌아다녔다. 창업포럼에 간다거나, 대회를 참석 한다거나, 수업을 다닌다거나, 정말 일이 없어도 근처 도서관에 갔다. 드럼은 밖에서 하는 괜찮은 활동이 이었다. 하지만 취미라는 시선에서 나에게 드럼은 "여가" 정도로 해석되었다. 하지만 입시 드럼을 통해 내가 앞으로 가져야 될 취미의 깊이, 본업 이외 활동의 정도, 아마추어와 세미 프로의 엄청난 차이를 알게 되며, 보통의 취미 드럼으로 흘러갈 뻔했던 배움의 깊이가 달라졌다. 생각하는 깊이와 함께.

나는 입시 드럼을 시작한 첫날, 레슨이 끝나고 물음을 가졌다. 내 옆에 있는 입시생은 3년을 쳤는데 저렇게 잘 치고, 나는 5년이 되어 가는데 반도 안 되는 실력이다. 도대체 취미와 입시의 차이가 뭔가? 돌아온 답은 상당히 추상적이었다. "자세" 처음엔 그게 뭔지 몰랐다.

그리고 나는 그 자세에 대해, 만약 음악의 길을 걸었다면 가졌을 자세에 대해 배울 수 있었다. 중학교 때 입시 드럼으로 넘어가게 되었다면 나는 그 자세를 일찍 알게 되었을 것이다. 사실 그 자세는 단순히 음악을 하는 사람만이 알아야 되는 자세가 아니었다. 악보를 그리고, 악보에 빠져든다는 생각. 물론 음악이다. 하지만 다른 영역에서도 정점에 올라가기 위해 시간을 투자하고 빠져드는 자세가 필요하다. 어느 정도까지는 정해진 틀에 따라 움직이지만 일정 이상부터는 내가 지표를 만들어가야 한다는 것. 음악은 그 지표를 생각보다 빨리 만들어야 했지만 공부에서는 그 지표를 만들기가 어려웠다는 것. 그 정도 차이인 것 같다. 뭐가 좋고 나쁘고라는 비상식적인 대화를 유도하는 것이 아니라 음악이 공부에 비해 비교적으로 자유로운 것 같으나 생각보다 확실한 답이 존재한다는 의미이다. 그리고 우린 어디서나 느낄 수 있다. 기본적인 본질은 같다. 그 자세가 어떻게 이루어지는지는 경험해 본 사람들만 알 수 있다. 정점에 닿기 위해 틀 안에서 우리의 시계를 빠르게 돌려야 한다는 것. 그것은 변하지 않았다. 우리가 사용해야 하는 에너지는 그 틀 안으로 집중되어야 한다.

12년간 전기전자에 대해 공부했다. 휴학이라는 기회를 통해 내가 진짜 알고 싶었던 드럼에 대한 분야를, 음악에 대해 깊은 경험을 하게 된 것은 충분한 의미가 있었다. 새로운 적응이었다.

다음은 그전까지 미미한 성취를 가져다준 대회의 일이다. 나는 대회를 통한 일상을 가졌기에 군대를 기다리는 동안, 군악대를 준비하면서, 남는 시간에 다양한 활동을 했다. 특히 공모전과 같은 대회를 여럿 준비했고, 결과가 어느 정도 나왔다. 휴학하기 이전에는 눈에 띄는 산출이 없었다. 이유가 뭘까. 그때는 몰랐다. 휴학 이전에도, 이후에도 공모전을 정말 많이 나갔다. 그리고 알게 되었다. 고등학교 때처럼 공모전도 일정한 패턴이 있었다. 그리고 나는 내가 시간을 보내려고 공모전을 나갔을 때와 결과를 만들기 위해 공모전을 나갔을 때 달라졌던 자세의 차이를 알 수 있었다. 어떤 방식으로 접근해야 하는지 알게 되었다.

물론 대학 단위의 공모전에 혼자 출품하는 것은 그렇게 좋지 않을 결과를 가져올 가능성이 매우 크다는 결론을 얻었다. 나는 고등학교 때부터 3년간 삼성에서 주최하는 휴먼테크 논문 대상에 혼자 연구한 주제를 바탕으로 논문을 투고했다. 지도교원도 없었고, 정말 일말의 피드백도 존재하지 않았다. 본선까지 갈 수 있었지만 수상을 하는 등 그 이상으로 올라가기는 항상 힘들었다. 그리고 그 이유가 피드백과 분석의 한계였다는 것을 알았다. 그래서 대학교에서의 공모전은 같이 참여하는 동료가 존재했으면 했다. 그런데 막상 학교에 가보니 그렇게 눈에 띄는 사람은 없었다. 결국 고등학교 때처럼 학술 공모전과 같이 사람이 필요하고, 장비가 필요하고, 연구 시설이 필요한 대회는 참여하기 어려웠다. 고등학교 때는 어쩔 수 없이 많은 대회에 혼자 참여했다. 하지만 혼자서 얻어낼 수 있는 성과가 있었다. 대회에 대한 어느 정도의 패턴을 익히고, 내가 스스로 노력한다면 결과에 큰 차이가 존재하지 않았다. 하지만 대학 단위의 학술 공모전에는 혼자만의 피드백이 어려웠다. 제한적이었다. 그래서 혼자서 진행한 학술 공모전은 성과를 나타내기가 어려웠다.

혼자서는 숲을 보기가 어렵고, 항상 나무 하나하나에 집중하기 마련이다. 숲을 보아야 하는 학술 공모전에서는 많은 사람들의 의견을 공유하고, 그 사이에서 깊은 방안을 연구하며 찾아가는 과정이 필요하다. 나는 대학 생활에서 도움될 만한 인연을 찾지 못했다. 사람들과의 큰 접점을 만들지 못했다. 대학에서는 사람들을 만나고 인맥을 쌓는 게 중요하지만 나는 그것에 소홀했다. 물론 같이 다니던 친구들이나 통학과 같은 환경적인 요인도 있을 것이다. 하지만 결과적으로 내가 학교에 대한 실망이 컸고, 학교에 대한 매력을 느끼지 못했기에 그저 멈춰 서 있었기 때문이다.

고등학교 때부터 대회에 대한 다른 인식이 있었다. 사람들은 보통 스펙을 위해 대회에 참여했다. 하지만 나에게 대회는 삶의 일부였다. 나는 대회가 없는 삶을 더 불안해했다. 항상 무언가 자의적으로 진행하는 연구나 프로젝트가 존재했다. 하지만 그게 끝날 무렵이 되면, 어느 정도 결과가 보이면, 나는 어느새 또 다른 대회를 준비하거나 또 다른 프로젝트를 찾았다. 중독되어 있었다. 나는 학교를 별로 좋아하지 않았기에 학교를 다니는 일상이 무료했다. 그리고 무료한 일상에 재미를 불어넣어 준 것이 대회였다. 그리고 그 대회는 나에게 특기가 되었다. 그래서 대학에 입학하기 전, 4년간의 프로젝트를 모두 구상하고 입학하였다. 상반기에는 어떤 연구를 진행하고, 몇 학년까지 진행했으면 좋겠고, 그걸 통해 어느 공모전 등에 수상하고, 어느 정도의 수준까지 연구하고자 하는 플랜이 있었다. 하지만 대학의 실체를 알고 나서, 대학에서 내가 할 수 있는 것은 많이 없다는 걸 알고 나서, 대학은 고등학교와 다를 게 없었다는 걸 알고나서, 구상했던 프로젝트에 대한 현타가 많이 왔다. 나는 그런 인생을 살고 싶었다.

그리고 휴학하면서 생각했다. 학교에서는 못 한다고 포기하는 것은 내가 살아온 12년에 대한 부정이라고…. 그래서 혼자 할 수 있는 한 공모전에 대한 경험은 쌓아 보기로 했다. 그래서 이후의 공모전은 모두 혼자 진행했다. 물론 앞서 말했듯 대학 단위의 공모전을 혼자서 나간다는 건 좋지 않은 행위이다. 애초에 대학 단위의 공모전부터는 협업에 대한 내용도 중점적으로 평가한다고 본다. 그래서 대회에 나온 참가자가 다른 사람들과 상호작용해서 얼마나 좋은 아이디어를 만들 수 있는가, 그것도 중요한 평가요소라고 본다. 그래서 경험에 치중했다. 내가 공모전을 통해 쌓을 수 있는 경험.

일단 타깃을 바꾸었다. 원래 학술 공모전을 나가고 싶었다. 하지만 학부생 1학년 수준에서 학술 공모전을 혼자 참여한다는 것은 불가능에 가까웠으며, 휴학생 신분으로는 많은 제약이 있었다. 그래서 아이디어 공모전으로 방향을 바꾸었다. 대부분의 아이디어는 개인의 역량에 따라 평가받는 부분이니 학술 공모전보다 덜한 제약을 가질 것 같았다. 아이디어 공모전에서 경험을 얻기로 했다.

휴학 기간 동안 11번의 시도를 했고, 2번의 성과를 가져왔다.

첫 번째는 창업동아리 소속으로 진행하던 프로젝트였다. 나는 고등학교때부터 산업용 증기난방기를 주제로 대전류를 활용한 안전한 방식의 증기난방원을 개발하여 당시 전국대회에서 수상하고, 특허출원을 했었다. 그리고 한동안 창업을 진행한다고 난방기 판매를 위해 사업자 등록하고 그랬는데 이 활동을 대학교에서도 꾸준히 하고 싶었다. 원래 입학 첫날 교수님 과의 상담에서 물어본 내용도 관련된다. 나는 이 대전류 난방기를 판매해본 결과, 우리나라 시장가치에서 상품성이 너무 떨어졌다. 그래서 대전류를 안전하게 사용 및 발열을 얻는 기술을 꾸준히 연구하고, 타 열원에 적용시키고 싶었다. 그래서 해당 연구를 지속하길 원했다. 당차게 거절당했다.

그래서 교내 창업동아리에서 활동을 지속했다. 휴학과 함께 창업동아리를 그만둘 생각이었다. 학교와 미련이 없도록 하고 싶었고, 실제로 한동안 활동을 하지 않았다. 하지만 당시에 받은 지원금을 사용하지 못해 탈퇴하지 않고 보류하였고, 결론적으로는 긍정적인 결과를 산출했다.

나는 증기난방기의 상품성이 그렇게 좋지 않다는 것을 알고 있었다. 그래서 호주에 가기 이전 이 프로젝트를 플랫폼으로 피벗하고 싶었다. 당시에 내가 증기난방기를 만들게 된 것도, 작물관리 미숙으로 인해 발생하는 손실을 줄이기 위해서였다. 증기난방기를 만들던 당시는 사실 스마트팜이라 하면서도 농가에 보급되는 장치가 많이 없던 시절이었다. 그래서 나는 작물의 생장주기를 분석해서 냉난방기를 비롯한 작물관리에 필요한 모든 시스템을 제어할 수 있는 시스템으로 제작하고 싶었다. 그래서 원래 카이스트에서 팀원을 만나서 미팅하고 플랫폼을 구상했다. 하지만 그 팀원은 눈앞에 있는 결과에 집중했고, 결과가 좋지 않자 떠나게 되었다. (팀원의 입장도 이해는 간다. 이때 나간 창업 프로젝트만 2~3개쯤이었으니까) 그래서 휴학 이후 호주에 갔다 오기 이전까지 창업동아리에서 진행하고자 하는 방향도, 내용도 없었다.

호주에 있으면서 현재 내가 할 수 있는 일에 집중해서 할 수 있는 일에만 성과를 나타내는 것이 매우 중요하다는 것을 배웠고, 그렇다면 창업동아리에서도 성과를 나타내야 한다고 생각했다. 내가 하고자 하는 프로젝트는 피벗을 해서 키울 수 있는 다지기를 해 놓지 않았다는 걸 알았다. 더 잘 다져놓고, 인력을 끌어들였다면 그 팀원이 끝까지 프로젝트에 참여했겠지, 나가지는 않았을 것 아니냐라는 깨달음과 그렇다면 내가 가진 힘으로 할 수 있는 다지기를 해야겠다는 생각을 했다. 그게 해 왔던 활동에 대한 대학 단위의 입증을 받는 것이 아닐까 했다.

당시의 프로젝트는 고등학교에서 했던 결과물의 연장으로, 아무리 대단한 성과여도 "고등학교 대회였잖아"라는 타이틀이 있었다. 그래서 같은 활동을 대학 단위에서 심화적으로 할 수 있는 방법을 찾았다. 그래서 고등학교때 창업하던 프로젝트를 대학교 때 이어서 준비했고 대학 단위의 성과를 도출해 보자는 생각을 하게 되었다. 일단 "입증"이라는 단계가 필요했다. 그래서 가장 먼저 했던 일이 대학 단계에서 기술특허등록을 진행한 일이다. 기존 프로젝트에 대한 확신이 있었고, 그렇다면 더 다양한 물증을 내놓을 수 있어야 한다고 봤다. 그래서 기존 프로젝트 이외에 여러가지 발열원에 대한 연구를 통해 적용범위를 늘

렸고, 해당 자료에 대한 특허등록을 진행했다. 이와 함께 대학 단위의 대회에서 한번의 입증이 더 필요할 것이라고 생각했다. 기존의 고등학교 단위 대회에서 멈춰서 프로젝트를 설명하는 것은 한계가 있다고 판단했다. 그래서 창업경진대회를 참여했고 총장상을 받으며, 대학단위의 입증을 하는 데 성공할 수 있었다.

두 번째 공모전은 기업체 공모전이었다. 아이디어 공모전이었다. 당시 정말 많은 아이디어 공모전을 나갔다. 제임슨 다이슨 어워드에서 강판코일의 회전사고를 방지하기 위해 타원형 구조를 설계하여 최적의 곡률을 분석하였고, 20도의 경사로에서도 굴러가지 않을 수 있는 이심률을 계산해서 최적화된 설계를 진행했다. 가볍게 탈락했다. 엔지니어링 산업경진대회에서 바이오 연료를 가열 및 재생산할 수 있는 모듈형 유도가열 시스템을 설계하고 시스템에 대한 분석했다. 가볍게 탈락했다. 한국로봇항공기 경연대회에서 지상 및 지하연결 회전형 버티포트를 설계하고 적용면적 및 사용가능 분야를 분석했다. 가볍게 탈락했다. 이 밖에도 정말 많은 아이디어 공모전을 나가고 가볍게 탈락했다. 원인은 피드백이었다.

학술 공모전이랑 자세한 틀은 다르지만 아이디어 공모전도 피드백이 필요한 것은 마찬가지였다. 단순한 아이디어가 아닌 복합적인 연구 결과에 의한 아이디어를 요구하는 공모전은 더더욱 그렇다. 그래서 가장 중요한 것이 많은 사람들에게 피드백을 구하고, 과정을 통해 다양한 답을 얻고, 수정할 수 있어야 한다. 그 과정의 부재가 크게 느껴졌다.

그래서 두 번째로 수상한 공모전의 결과물은 아이디어 공모전답게 어느 정도의 운도 있었다고 생각한다. 여러 가지 아이디어를 제시했고, 피드백의 과정은 부족했으나 기업체에서 원하는 요소와 잘 부합하여 수상을 했던 것이 아닐까 생각한다. 앞으로 진행하는 공모전도 운이 작용하여 수상할 수 있는 기회가 있을 수도 있다. 하지만 11번 중에 1번으로 운이 작용한다면 더 많은 사람들을 만나고, 더 많은 공부를 하며, 더 많은 피드백을 통해 더 많은 기회를 도출해야 하는 것이 수상을 위한 더 빠른 선택일 것이다.

대회 내용은 기업체에서 개발한 상품의 적용분야를 제안하는 공모전이었다. 나는 열박리 스티커를 이용하였는데 일정온도에 반응하여 탈 부착할 수 있는 트리거가 존재하는 스티커라면 화재현장에 사용할 수 있을 것이라 생각하였다. 화재현장에서 외벽에 비상구 등의 안전표시를 한 채로 스티커를 부착한다면 화재발생 시에 온도 상승 및 트리거의 작동으로 외벽에 표시를 확인할 수 있을 것이라 생각하여, 방화서터, 건물외벽 등에 적용 분야로 설계도면을 제작하여 제출했다.

그리고 이렇게 정말 많은 여러 분야의 공모전을 수행하면서 더욱 느꼈다. 처음 생각처럼 군대를 오래 다녀오는 것은 정말 아니라는 것을. 내가 직업군인 생각이 있었으면 또 모르겠다. 근데 직업군인 생각도 없으면서 군대를 오래 다녀온다고 하는 것은 아직 환상에 쌓여 있는 것이 아닐까? 아직 사회에서 할 일은 많다. 적어도 사회에서는 나의 발전을 위해 온전히 내 시간을 사용할 수 있었다. 내가 하고 싶은 공부에 매달릴 수 있었고, 취미를 세미프로로 발전시킬 수 있으며, 원하는 분야의 자유로운 경력을 쌓을 수 있었다. 그런데 내가 EOD를 간다면, 그리고 그 길이 아니라고 밖으로 나오고 싶다면, 온전히 내 발전에만 시간을 쓰고 싶어진다면, 공모전에 나가고 싶다면, 점점 느끼게 되었다. 군대를 되도록 빨리, 그리고 즐겁게 다녀오라는 어르신들의 말씀은 절대 틀린 것이 하나도 없는 말이었다.

그 다음은 대회를 통한 정체성의 확립이다. 고등학교 때까지 정말 많은 대회를 경험했다. 물론 대학교 때도 더 큰 물에서 대회를 지속하고 싶었으나 생각대로 되지는 않았다. 그래서 나는 내가 가진 강점을 이용할 수 있는 방법을 찾았다. 대회를 지속하는 것도 중요했지만 대회에 대한 사업을 진행하기에 적절한 강점이 있다고 생각했다. 호주에서 돌아오면서 전과외라는 아이템으로 한국에서 온전한 경제권을 가져야겠다는 생각을 굳게 했다. 단순 과외 시스템을 정형화하여 나만 할 수 있는 하나의 브랜드를 만들고 마케팅을 하다 보면 사업적인 경력이 될 것이라 생각했다. 기존의 오프라인 클래스에 더해 온라인 클래스의 병합까지 생각하고 일을 시작하게 되었다. 입시비리로 인해 대회의 비중이 줄어들고 있는 시점에 2028 교육 개정이 되면서 대회를 나가거나 실적을 준비하는 학생들이 사라지는 추세였다. 이와 함께 대회를 준비하는 과외 등이 많이 사라졌고, 대부분의 수요는 필요에 따라 학원을 통해 준비한다는 것을 알게 되었다. 나에게 가장 큰 강점을 보였던 분야는 대회였고, 대부분의 대회에서 수상하기 위한 포인트를 알고 있었다. 그리고 이 노하우는 나만의 비법서 같은 것이기에 학원에서 정형화되어 알려 주는 것과는 차이가 있다는 것을 학원에서 산출된 작품을 보면서 뼈저리게 느끼게 되었다. 그래서 적응의 기간 주요했던 일 가운데 전과외는 빠질 수 없는 일이다.

고등학교 졸업 동시에 교내외대회, 소논문/보고서에 대한 과외를 진행하였다. 하지만 단기성과 대필형식으로 인한 수요성의 부족문제는 해결하기 어려웠고, 나만의 클래스가 필요하다는 생각을 가지게 되었다. 그리고 호주에서 수업을 확장하기 위한 발판을 마련했고, 한국에 와서 확장하기 위해 여러 가지 일을 하게 되었다. 먼저 이전까지의 과외와는 다른 점이 존재해야 한다고 생각했다. 물론 내가 대회에 강점을 보이고 대회나 보고서 등에 도움이 필요한 학생들에게 도움이 되는 과외를 계속 진행하면 좋겠지만 문제점이 많았다. 수요였다. 시즌별로 나뉘어 시시각각 바뀌는 수요와 비시즌에는 정말 하나도 없는 물량 때문에 과외를 진행하기에 그렇게 좋지 않은 조건이었다. 또 지역, 가정 등에 따라 과외를 생각하는 수업료, 조건, 시간 등이 매우 다르고, 일치하지 않는 조건 등을 일일이 맞춰야 했기 때문에 그렇게 편하지만은 않은 시스템이었다. 그리고 단순 작업 전달형식은 재성사 비율이 매우 낮았고, 수업으로 이어지지는 않았으며, 대회가 끝나면 과외도 끝나는 방식이었다.

호주에 가기 이전부터 마포에서 대면수업을 진행하고 있었다. 영재고 입시를 준비하는 친구였기에 스펙이 필요해서 2주에 한 번씩 방문하여 같이 탐구주제를 논의하고 보고서 작성, 탐구실험 및 여러 과학적 분석에 대한 내용을 알려 주고 4회차에 한 번씩 대회용 보고서를 작성하여 고등학교 스펙으로 정리하였다. 그리고 그 내용은 추후 대회 등에 사용될 수 있도록 자료화하게 도와주었는데 나는 이 수업 내용이 학생들에게 매우 도움될 것 같다고 생각했다.

그렇다면 차라리 소논문/보고서 작성에 대한 소규모 클래스를 운영해 보는 방안은 어떤가. 그리고 클래스를 운영하면서 4~5주차에 한 번씩 대회에 대한 자료를 산출하고, 스펙으로 정리하며 학생들의 논술력을 기를 수 있다면 지금 일반적인 책 읽고 글 쓰는 논술학원이나 과학형 탐구학원보다 훨씬 도움되는 방법일 수 있지 않을까 생각했다. 그래서 소규모 클래스를 운영하기 위한 방법을 모색했다. 일단 사람을 찾아야 했다. 내가 이 일을 평생 할 것도 아니고, 그저 졸업 전, 취업 전까지, 군 적금을 깨고 나서도 용돈 없이 등록금을 충당하고, 생활비를 벌고, 자취할 수 있는 그 정도의 돈만 마련할 수 있는 수단이 되었으면 했다.

사람을 찾기 위해서 첫 번째로 한 일은 내가 하는 일을 알린 것이다. 일단 내가 하고 있는 방식의 과외에 대한 홈페이지, 블로그, 인스타, 카페 등을 개설하여 보다 빠르게 일을 처리했다. 나는 과외 앱을 통해 대부분의 수요를 구했는데, 사실 학력을 많은 이유로 하여 사람들이 들어오지 않았다. 하지만 홈페이지 등을 개설하고 홈페이지를 과외 앱에 등록한 뒤로는 홈페이지를 통해 연락이 오는 경우가 생기기 시작했다.

그 다음으로 하기 시작한 일은 같은 일을 할 수 있는 동업자를 찾는 것이었다. 나는 지금의 논술학원 시스템에서 개선을 통해 좋은 효과를 볼 만한 수업방식이라고 느꼈다. 그래서 학군지의 여러 논술학원에서 시범수업을 통해 소규모 클래스의 운영 계획에 대한 전반적인 상의를 하였다. 먼저 가장 가까운 논술학원에서 내가 진행하는 수업에 대한 적용을 시작했다. 나는 개인 맞춤형 수업이었기 때문에 단체 수업으로 이루어질 경우에는 수업의 변동이 있어야 했다. 그래서 단체 수업을 진행할 때 개인 맞춤으로 산출을 볼 수 있는 수업방식을 탐색하여 시범 수업을 진행했고, 소규모 클래스를 운영하는 과정에서 어떻게 진행할 수 있을지를 연구했다. 클래스를 넓히기 위해 다양한 학원 등지에 컨택을 진행하였고, 기존에 단순과외 시스템은 나만의 형식을 갖춘 수업으로 전환할 수 있게 되었다.

그래서 약 2개월 만에 수업 시스템을 정착시킬 수 있었다. 발명품대회, 전람회, 각종 타 대회, 소논문, 탐구보고서 등의 양식이 완성되었으며, 학생이 원하는 주제에 따라 변형하여 작성할 수 있도록 만들었다. 또한 여러가지 부차적인 학습지 양식을 제작해 개인적으로 사용할 수 있는 탐구일지, 보고서 개요, 보고서 초안 등을 만들었으며, 3개월~6개월 커리큘럼을 만들어 어떤 학생의 요청도 적용가능한 시스템을 만들었다. 그리고 대회를 준비하는 학생뿐만 아니라 단순 탐구보고서 및 세특 등이 필요한 학생도 사용이 가능한 시스템으로 만들었고, 홈페이지를 통해 빠르게 견적을 낼 수 있는 상담이 가능하도록 개설하였다.

그리고 온라인 클래스를 만들기 위하여 그동안 수업하면서 만들어 왔던 대회 및 보고서의 양식을 템플릿과 프롬프트로 제작하였고, 이를 이용해 개발자들과 함께 AI를 이용한 주제 및 초안 작성 프로그램까지 만드는 것을 진행하게 되었다. 그동안 다녔던 창업 포럼, 대회 등에서 만난 인연들에게 정말 많은 도움을 받고 내가 그동안 무지했던 웹 서비스 개발에 대한 많은 조언을 얻을 수 있었다.

최종적으로 이 아이템을 전과외라는 시스템으로 발전시켰으며, 아직 온라인 클래스의 결합은 개발 단계에 있기에 결론적으로는 미완의 상태지만 취업 전까지 적절한 경제권을 가지기 위해 개인 창업 선에서 규모 있게 키울 생각이다. (이름 보고 김과외 짭 아니냐고 하는데 맞다. 김과외에 정식으로 허가도 받아서 진행하고 있다) 물론 내가 원하는 일을 하기 이전까지의 부업이라고 생각하며 이 아이템으로의 평생 직장을 생각하고 있지는 않다. 따라서 내가 쏟을 수 있는 전부의 힘을 쏟고 싶지는 않기에 나는 온라인 클래스와 함께 유동적인 비중을 더 늘릴 생각을 가지고 있는 것이다. 전과외의 시스템은 현재 진행하는 탐구보고서 전문 오프라인 클래스의 소규모 시스템에서 온라인 중심으로 바뀌어야 한다. 내가 사용하는 시간과 노력을 가장 최소화하면서, 보다 많은 수익을 얻고자 오프라인 클래스의 정착이 어느정도 진행되면 대부분의 핵심은 온라인 클래스로 확장되어야 한다. 온라인 상으로 수요층이 원하는 탐구보고서 및 소논문, 세특용 보고서, 대회용 보고서 등에 영역별 맞춤설정 및 견적 상담을 진행하고, AI 기반의 시스템에 따라 초안을 작성할 수 있도록 하는 계획에 있다. 하지만 별도의 수업이나 내용 구체화, 추가적인 보고서 작업 등을 원하는 수요층에 대해 분석을 돕고, 심화적인 첨삭 등을 요청할 경우에 한하여 개인별로 지도할 수 있는 온라인 클래스를 오프라인 클래스와 함께 이용가능 하도록 제작 중이다.

휴학 이후 집에서는 학교에서는 생각하지 못했던 경제권을 얻기 위해 전과외를 시작했으며, 용돈 받아 학교 다니고, 간간이 알바 하면서, 그렇게 살아가는 대부분의 일반적인 사람에서 변화가 생겼다. 그렇게 계산해서 생활비, 유럽 한 달 여행비, 호주 워홀 자금, 부모님 환갑 해외여행비 등을 전과외로 해결했고, 휴학 이후 계산해 보니 8개월 동안의 과외 수입만 1,500만 원이 넘더라.

물론 나는 지금의 삶에 만족하지 않는다. 나는 다시 전기전자를 고민하는 삶으로 완전히 돌아가고자 하기에 현재의 프리터족과 같은 삶은 원하지 않는다. 아무리 전과외가 커진다고 해도 전과외는 그저 부업이다. 나에게는 내가 12년간 달려온 전기전자라는 본업의 길이 존재해야 한다. 본업과 부업에 대한 구분은 명확해야 한다. 그렇기에 전과외는 뚜렷한 목표를 가지고 출발했다. (요즘 20대들 흔히 "월 1,000 부업", "알바만 해서 살 수 있어요" 많이 보이는데 내 가치관을 정할 수 있는 길은 본업과 일상의 balance에서 나온다고 생각한다)

그래서 나는 호주라는 터닝포인트를 기점으로 한국에 돌아와서 경력을 쌓고 있다. 물론 내가 교육업계로 나아갈 것은 아니다. 하지만 내가 호주에 그냥 있었다면 2달 워홀의 경험 그 이상은 얻지 못하였을 것이다. 하지만 한국에 돌아온 나는 호주에서 얻은 깨달음과 실행력을 통해 적어도 1번의 창업 도전기를 진행하는 "적응"을 하고 있는 것이 아닐까 싶다.

다음 적응은 자격증이었다. 호주에 가기 전 5개월 동안 나는 전공 공부와 함께 자격증 공부를 했었다. 하지만 당시 시간적 여유가 없었기에 그냥 공부 정도만 했었고, 자격증은 막연히 군대가서 따든가, 그리고 기능사 정도가 뭐가 필요하겠어 나중에 기사 따면 되지라는 생각을 했었다. 상당히 멍청했다. 아무 경력 없이 직무에 도전하려고 한 나에게는 나를 입증할 수 있는 무기가 없었고, 매번 쓴맛을 보게 했던 나에게 당장에 휴학기간 동안 할 수 있는 일은 자격증과 같이 나를 입증할 수 있는 무기를 만드는 일이었다. 그래서 한국에 오자마자 다시 책을 폈고, 이전과는 다르게 자격증을 따겠다는 마음으로 공부했다. 기능사 정도의 내용은 1~2학년 전공서에 등장하는 내용과 정말 유사했다. 물론 난이도는 다르지만 그동안 공부하던 회로이론의 책은 기능사에서 배우는 법칙과 이론 등이 기본적으로 담겨 있고, 원리가 암기식으로 바뀌어 있을 뿐 배우는 과정에 다른 차이는 없었다. 예전에는 각각 다른 2권의 책을 공부하는 듯한 느낌이었다. 마음이 바빠서, 생각이 바빠서 그랬는지는 모르겠다. 내용을 모르는 것은 아니었다. 그냥 공부량이 많다고 느껴졌다. 2권을 놓고 공부하면 2권의 내용을 다 읽어야 했다. 전공책과 자격증 공부가 비슷함을 느끼고 나서 2권의 공부량은 1권으로 줄어들었고, 융합적인 공부법을 발견할 수 있었다.

그래서 나는 2주 정도 뒤에 필기를 합격할 수 있었다. 실기는 새로운 과제였다. 시퀀스 회로를 만드는 작업인데 내가 고등학교 때 만들던 그런 작품이랑은 난이도나 기본적인 이해가 달랐다. 고등학교 때부터 어느 정도의 배선작업에 대한 이해가 있었기에 쉽게 배울 수 있었다.

휴학은 공부에 대한 전체적인 시선도 바꾸어 놓았다. 학교를 다니는 기간 동안 나는 의무적인 공부 이외에 어느 것도 해 보려고 시도하지 않았다. 학교는 나를 수동적인 기계로 만들었고, 그래서 나는 그런 모습을 보이는 스스로를 더욱 싫게 만들었다. 나는 고등학교 때까지 의무적인 무언가를 잘 하지 않았다. 물론 그에 따른 대가가 학벌로 나타나게 된 것이지만, 나는 내가 생각하는 공부를 했으니 모든 순간에 후회는 없다. 그래서 대학교에서도 내가 생각하는 공부를 하고 싶었다. 하지만 대학교에서는 오히려 고등학교 때 하지 않으려고 했던 의무적인 것만 하는 내 모습을 볼 수 있었다. 대학교에 들어가자마자 필요했던 것은 내가 필요한 연구를 하기 위한 공부와 무엇보다 고등학교에서 없었던 인맥이 필요했다. 실제로 대학교에서 맞닥뜨린 현실은 그런 걸 기대하기에 정말 어려웠다. 내가 느낀 대학교만 그런 것인지 몰라도 이미 우리나라에서 대학의 틀은 어느 정도 정해져 있었다.

그래서 나는 정말 의무적인 공부만 했다. 의무적인 공부도 잘 하지 않았다. 그게 대학인 줄 알았다. 그리고 그게 영원히 불변할 것이라 믿는 순간, 나는 학교를 떠나겠다고 다짐했다. 그리고 나는 휴학을 하면서 가장 먼저 내가 하고 싶은 공부를 하는 것이 제1의 목표였다. 나는 앞으로 내가 어떤 길로 나아갈지 찾는 1년 동안 내가 하고 싶은 공부를 해 봐야 한다고 생각했다. 나는 대학교를 다닐 때 내가 12년간 왜 전기전자를 좋아했나 하는 의구심을 품을 정도로 정체성에 혼란이 왔었다. 내가 12년간 했던 그 많은 활동이, 내가 교수님께 가지고 갔던 1,000장 가까이 되는 포트폴리오가 모두 가리키고 있는 전기전자의 삶에 의구심을 품는다는 것은 있을 수 없는 일이었다. 그 정도로 많이 고민했다. 학교라는 체제가 이상했으니까….

그리고 휴학을 시작하며 능동적인 공부, 내가 하고 싶은 공부, 내가 찾아서 하는 공부를 다시 지향했다. 그게 원래 내가 하던 방식이었다. 그리고 학기 중에 들었던 그 의구심이 맞는지 확인했다. 전기전자에 대한 삶을 잠깐 부정했던 것인지, 아님 계속 부정해야만 하는 것인지. 내가 하고 싶은 공부의 속에서는 절대 부정이라는 답은 없었다. 단순한 착각이 나에 대한 큰 오해를 만든 것이었다.

나는 그 이후로 내가 원했던 공부를 했다. 학교 다니면서는 그냥 전공서에 밑줄 치는 정도의 공부였지만 지금은 논문, 서적들을 참고하며, 관련된 대회를 나가고, 자격증과 같이 실무적인 역량을 함께 공부한다. 내가 하고 싶었던 공부였다. 이외에도 나는 여러 대학에서 진행하는 다양한 온라인 강의를 수강신청 하여 전동기 심화, 전자제어, 회로이론, 에너지 산업, 창업 기초 등의 강의를 자의적으로 수강할 수 있었다.

그리고 가장 큰 적응은 집에 있었던 내가 바깥으로 돌아다니게 된 것이다. 나는 호주에 가기 이전의 5개월 동안 은둔형 청년이 되어 가고 있었다. 내가 필요한 인맥을 얻을 수 없어서 내가 할 수 있는 것에 한계를 느낀 다는 것이 가장 큰 이유였다. 많은 분야의 여러 사람을 만나야 한다는 것은 계속 느꼈으나 어디서부터 시작하는지, 어떻게 시작하는지 몰랐다. 그래서 가장 큰 적응은 부딪히며 알아가는 것이었다. 내가 전과외를 AI 기반의 웹서비스로 돌리기 위해 이전까지 관심도 없었던 창업동아리에 다시 지원하여 모든 행사에 쫓아다니며, 얼굴을 보인 것도, 나를 홍보하기 위한 여러 글을 올려 지속적으로 사람들과의 만남을 가진 것도, 내가 필요하다고 판단되면 서슴없이 누구에게 연락을 돌릴 시도를 하게 된 것도, 인맥이 필요했던 나에게 가장 큰 시도였다. 결국 나는 집에 있는 시간보다 바깥에서 활동하는 시간이 스스로에게 결과적인 안정을 가져온다는 것을 깨달았으며, 이는 가장 큰 적응이라고 말할 수 있을 것 같다.

  나는 휴학하고 연휴라는 것을 즐기지 못했다. 사람들은 말한다. 오랫동안 쉬다 보면 쉬는 날과 일하는 날의 구분을 못하고 날짜를 헷갈리게 된다고. 휴일인지 아닌지 구분을 못하게 되는 것이 당연하다고. 물론 내가 오랫동안 쉬어서 휴일을 구분하지 못하는 것은 아니지만 정신적으로 구분할 수 있는 계기를 만들 만큼의 일을 한 것도 아니었다. 나는 순응의 기간에 단 한 번도 휴일을 휴일답게 보내지 못했다. 황금 연휴였던 추석이 전혀 기다려지지 않았고, 쉬는 날이 뭐가 그리 대수인가 싶었다. 내가 언제든 휴식에 대한 기준을 자유롭게 바꿀 수 있다 보니 나에게 너무 관대했고, 너무 많은 관용을 베풀었다. 그리고 찾아온 결과는 연휴와 같은 휴식을 휴식 답게 보내지 못한다는 것이다. 쉬는 날은 화끈하게 쉬고, 일할 때는 화끈하게 일하고 그래야 하는데 그러지 못했다. 무료한 일상, 잔잔한 삶, 그게 지속되었다. 그리고 적응의 기간 맞아들인 첫 연휴는 설 연휴였다. 시작부터 달랐다. 연휴가 기다려지는 기분은 학교 다닐 때 이후로 상당히 오랜만이었다. 연휴 동안 알차게 쉬었고, 그렇게 가고 싶던 간월암에서 완벽한 휴일을 보내고 나니, 적응의 기간 나에게 관용을 베풀지 않았던 것에 대해 의미가 있었음을 깨달았다.

또 하나의 관용은 적응의 기간 동안 친구들 모임에 단 한 번도 참석하지 않았다. 나는 내 삶에 좀 더 집중하자는 생각이었고, 불필요한 분야에는 소홀해질 필요가 있다는 생각이었다. 3달 만에 처음 모임에 참석했다. 이전의 무료한 만남과는 달랐다. 2주에 한 번 만나던 시절, 이야기할 것도 없는데 얼굴 보고 술 마시던 시절에는 앉아만 있었다. 딱히 어울릴 만한 주제도 없었고, 술 마시는 순간에도 나는 내 고민을 하기 바빴다. 하지만 적응의 삶에 집중하면서 만남의 횟수를 줄이고, 내가 생각한 이상적인 만남을 가졌다. 모임이 재미없어도 끝까지 참석했던 예전의 스타일을 탈피하고, 3차 이동하기 전, 11시에 귀가했다. attitude의 변화 때문인지, 아니면 변한 attitude를 통해 친구들과 이야기한 것 때문인지 그동안의 만남보다 의미가 있었다.

휴일에는 휴일만의 의미를 부여하는 것이, 여가적인 모임에 참여하기 위해 일정 기간 동안 내 일에 집중하는 것이 내가 기다리는 시간을 더 의미 있게 보내는 법이라는 것을 알았다. 어느 순간 내 삶이 무료해지거든 내 삶에 대한 내 관용의 정도를 생각해 보자.

사람들은 새로운 분야에 적응하는 과정에 가장 많은 시간을 쏟는다고 한다. 내가 적응하기 위한 조건에는 "내 스스로", "능동적인", "본인의 주관이 개입된"이 필수적이다. 모든 활동에 수동적인 느낌을 받고 있다면 그것은 적응일까? 물론 수동의 과정에도 시간이 많이 걸리는 건 사실이다. 하지만 이 과정에는 본인의 주관, 능동성, 내 스스로의 생각은 많이 결여되어 있다. 그렇다면 이건 적응이 아니라 순응일 것이다. 내가 어떤 집단 또는 어떤 상황에서 적응이 아닌 순응을 택하고, 그 상황에 만족한다면, 더 나은 삶을 영위하는 데에는 무리가 있을 것이다. 내가 진정한 적응을 하기 위해 더 많은 시간이 걸리고 더 많은 노력을 해야 할지라도, 심지어는 정말 이겨내기 힘든 어려운 상황일지라도 내 주관을 더 개입시켜 보자. 그래서 적응의 시간으로 만들고 그 분야에 적응해보자. 그리고 나면 내가 왜 이 분야에 또는 이 상황에 이렇게까지 버틸 수 있었는지, 값진 경험을, 값진 생각을, 그리고 값진 본인 스스로를 완성시킬 수 있을 것이다.

(+) 24:00 = 00:00

→ "새로운 웃음, 새로운 길, 복학하겠습니다"

⟨가장 큰 새로움은 익숙함에서 비롯된다.⟩

휴학 기간 이전 나는 내 삶을 돌아볼 기회가 없었다. 항상 선택의 순간은 있어 왔고, 그때마다 고민했다. 하지만 내 삶에 있어왔던 선택이 얼마나 중요했는지 생각할 기회는 없었다. 그렇기에 내 삶을 있는 그대로 받아들일 수 없었다. 항상 내 삶에 존재했던 선택은 아쉬움을 남겼고, 매 상황을 후회와 미련을 주고 떠나보냈다. 나는 후회와 미련 없이 살아야 한다고 생각한다. 언젠가 누구에게나 찾아올 고통의 순간에 스스로의 두려움을 없애는 가장 탁월한 방법이다. 나는 선택의 순간에서 망설였다. 그리고 두려움을 가졌다. 내가 후회와 미련을 가지고 살았다는 반증일 것이다.

휴학 기간 동안 정말 많은 선택이 있었다. 누구에게나 그런 상황은 찾아온다. 새로운 상황에 대한 두려움을 없애기 위해 나는 그동안 어떻게 살아왔는가? 한 번 정도는 내가 살아온 길을 다시 걸어 볼 필요가 있지 않은가 생각한다. 내가 살아온 길에 대한 확신이 없고, 기대가 없던 사람은, 있는 그대로의 본인을 만족하지 못했던 사람은, 앞으로의 길에서 수많은 좌절과 고통과 두려움을 느낄 수밖에 없다.

나는 휴학 기간 동안 내 삶 그대로를 받아들이기 위해 노력했다. 그동안의 삶을 돌아보며, 나는 항상 남들과 다른 새로운 길을 가야만 한다고 생각했다. 고등학교 때까지 남들과 다른 삶을 살았다고 자신했다. 대학교 때는 더더욱 그래야 한다고 생각했다. 다른 삶을 살려고 노력하며 느꼈다. 다른 삶을 살고 싶다고 기본적인 틀에서 벗어나는 법을 배울 수는 없다. 나만의 틀을 만들 수 있는 능력이 생길 때까지 짜여진 틀에서 고통과 두려움을 이겨내야 한다. 그리고 내가 새로운 틀을 만들었을 때, 그 능력이 확실해졌을 때, 가장 큰 새로움을 발견할 수 있다. 그렇다면 과연 우리 삶에서 가장 큰 새로움은 어디서 비롯되었을까? 익숙함이었다. 내가 그동안 살아온 익숙함이 누적되었을 때, 내 삶의 또 다른 새로움을 볼 수 있는 시야가 생긴다. 새로움을 발견하기 위해 우리는 익숙함에 적응해야 했다.

휴학을 통해 바라본 내 삶에서는 익숙함을 거부했다는 것을 알았다. 남들과 다른 삶을 살겠다는 이유로 내 인생에서 익숙함에 대한 누적을 빼 버리려고 했다. 그래서 나는 더더욱 익숙함에 적응해야 했다. 그리고 그 익숙함의 공간 중 하나는 학교였던 것이다. 휴학 기간 동안 그 사실을 알게 되었고, 내 삶을 있는 그대로 받아들이며, 앞으로 내가 어떤 삶을 살아가야 할지 그릴 수 있었다.

나는 그동안 준비되지 않은 상태에서 많은 것을 요구했다. 그러다 보니 내가 가진 패에 비해 나오지 않는 결과물들을 보며 항상 아쉬워했고, 그걸 견디지 못했다. 그래서 학교는 아쉬움의 원인으로 정착되었다. 학교가 아니었다면 더 많은 답을 얻고, 더 많은 일을 할 수 있을 것이라 생각했다. 휴학은 이 문제에 명쾌한 답을 주었다. 학교가 모든 해답을 줄 수는 없다. 하지만 학교에서 주는 기본적인 답은 내가 생각하는 해답으로 향하는 가장 빠른 답안이었다. 학교에서 진행하는 모든 프로그램은, 모든 공부는, 모든 지원들은, 내가 가진 패에서 진행할 수 있는 최선의 활동이었다. 내가 밖에서 그 이상의 활동을 원한다고, 할 수 있다고 생각하는 건 틀린 내 답안을 보며 문제지의 해설이 잘못된 것 같다고 수정하는 행동이랑 별반 다를 것이 없었다. 나에게는 아직 그만한 능력이 없었기 때문이다. 게다가 나를 객관적으로 바라볼 시선도 없었다.

　내가 밖에서 할 수 있었다면 안에서는 그 이상으로 할 수 있다. 나는 좀 더 나아지기 위해 스스로 미친듯이 뛰었어야 했다. 혼자서는 뛴다고 생각만 하고 발은 걷고 있었다. 그러면서 난 왜 뛰는데도 아직 목적지에 도달하지 못했나를 생각하고 있었다. 내가 제일 먼저 해야 하는 건 학교는 원래 그런 공간이었음을 인정하는 것이었다. 학교는 늘 그랬다. 대가 없이 답을 요구하는 학생들에게 함부로 답을 주지 않았다. 스스로에게 소중한 것을 내놓고 답을 가져가야 했다. 내가 고등학교 때 답을 얻기 위해 내놓았던 건 아마도 내신일 것이다. 내가 하고 싶은 공부를 하기 위해 내신을 내놓고 나만의 답을 얻을 수 있도록 매순간

최선을 다하였다.

  사실 그것도 학교에서 원하는 산물은 아니었다. 학교에서 답을 위해 내놓으라고 했던 건 일반적인 학생들처럼 시간이었고, 시간을 통해 내신이라는 답을 얻어가라는 것이었을 것이다. 그래서 내가 남들과 다른 삶을 사는 것은 더 힘들었고, 일반적인 학생보다 스스로 찾아서 해야 하는 삶은 버겁게 느껴질 때가 많았다.

  그렇다면 내가 대학교에서 내놓은 것은 무엇이었을까? 잘 생각해보면 하나도 없었다. 나는 고등학교 때 남들과 다른 삶을 살며 고생한 것에 대한 보답을 기다리고 있었다. 대학에 가면, 더 큰 기관에 가면, 내가 할 수 있는 일이 더 많을 거야, 많은 것이 날 위해 기다리고 있을 거야, 그저 기대 가득한 새내기의 마음 하나로 학교에 상납해야 할 무언가를 준비하지 않았다.

  그리고 마주한 학교는 냉담했다. 준비되지 않은 나에게 줄 게 없다는 표시였을 것이다. 그때 나는 좌절하는 게 아니라, 학교의 모든 걸 뒤져서 방법을 찾았어야 했다. 하지만 그런 과정이 부족했던 것은 사실이다. 그저 피교육인의 입장으로 이게 학교야? 이게 내가 생각한 대학이라고? 그 생각이 나를 잡아먹게 만들 때까지 나는 아무것도 하지 않았다. 그리고 그 생각이 나를 잡아먹고 난 뒤에 인생에서 가장 중요하게 생각했던 전기전자에 대해 다시금 고민하게 만든 것은 스스로에 대한 반성이 필요했다.

  나는 휴학기간에 자격증을 따기 위해 공부했다. 공모전에서 수상하기 위해 노력했다. 이 모든 것은 내가 좋아서 했다고는 하지만 결론적으로는 나를 위한 스펙을 만들고 스스로를 증명하기 위한 일이었다고 할 수 있다. 그렇다면 학교도 마찬가지의 시선으로 바라보았어야 한다는 것을 알아야 한다. 학교도 하나의 자격증이고, 수상 경력이며, 스펙이었다. 왜 우리가 학벌론을 펼치고 무시와 증오가 가득한 사회에서 나 스스로를 입증하려 노력하겠는가. 학교도 똑같았다. 그 틀이 싫다고 나오는 게 아니라 버티는 법을 연구해야 한다는 것이다.

 그리고 휴학기간 동안 그 사실을 깨달았다. 깨달은 순간부터 내가 가야 할 길이 정해졌다. 사업을 하고 싶다고 바로 사업을 하는 것이 어떤 의미가 있는가? 내가 가진 역량은 어느 정도인가? 나는 언제까지 역량을 쌓을 수 있는가? 내가 역량을 쌓을 만한 최적의 공간은 어디인가? 여러 질문 속에 전기전자의 분야에서 원하는 일을 할 수 있을 정도의 깨달음이 나올 때까지는 그 분야의 역량을 늘려야 한다고 생각했다. 그래서 나 또한 남들과 같은 길에서 속도를 높여야 하는 것이 우선이었다. 남들과 아예 다른 길을 걸을 수는 없었다. 가야 하는 길은 같았다. 그리고 그 길은 "학교"였다. 아스팔트 길에서 장화보다 런닝화가 편하다. 비가 오고 물이 고여 있는 길에서는 런닝화보다 장화가 편하다. 나는 그런 나만의 장치가 필요했다. 그게 나만의 캐릭터였다. 그 장치와 캐릭터를 만들기 위한 최적의 공간은 "학교"였던 것이다.

 나는 이전까지 남들과 전혀 다른 길을 걸어야만 나만의 캐릭터가 확보되는 것이라고 생각했다. 남들과 다른 길을 가는 것은 험난했다. 내가 꼭 가야 하는 길에서 이득을 보지 않고, 손해까지 남기면서 나의 캐릭터를 위해 나만의 길을 만들었다. 물론 그 길에서 최상위로 올라가지는 못했지만 나의 캐릭터를 만들 수 있었다. 하지만 대학에 와서 느낀 것은 달랐다. 나는 이미 대학에 들어왔고, 전기전자라는 정해진 분야에서 이상적인 위치에 도달하여 분야에 대한 전문적인 일을 하고 싶은 비전이 있었다. 그렇다면 남들과 다른 길을 걸어서 도달하는 것이 아닌, 남들과 같은 길을 나만의 방식으로 빠르게 걸을 수 있어야 하는 것이었다.

휴학 이전까지 그 차이에 대해 잘 몰랐다. 그래서 휴학은 필요했다. 그저 나만의 캐릭터를 위해 스스로를 갈궜다. 그리고 이제는 나만의 캐릭터를 얻을 수 있는 최적의 장소가 학교였다는 것을 알았다. 휴학하고 진행한 11개의 공모전에서 9개가 떨어지며 나는 느꼈다. 고등학교 때는 내가 정말 미친듯이 노력해서 이룰 수 있는 성과가 있었다. 나에게는 그게 대회였고, 누구의 도움 없이 그저 내가 시간을 더 투자하고, 내가 찾은 방법으로 나아가면 이룰 수 있었다. 하지만 대학이라는 단위로 올라가서 단순한 공모전 하나를 나가더라도 정해진 패턴이 그 이상의 범주라는 것을 알았다. 그 단위 이상의 범위에서 이전처럼 내가 혼자 해서 이룰 수 있는 건 많지 않았다. 나와 함께할 수 있는 조력자가 필요했다. 그리고 그건 "학교"라는 공간만이 가능했다.

물론 학교가 모든 답을 알려 줄 것이라고 생각하지는 않는다. 학교는 기본적인 해답과 빠른 답안을 알려 주고, 정확한 해설은 나에게 맡긴다. 모두의 풀이가 다른 이유이기도 하다. 다시 돌아가는 학교에서는 절대로 그 답을 기다리지 말아야 한다. 내가 스스로 할 수 없는 것이 많다. 학교라는 이름을 빌려야만 하는 것도 있다. 나는 그런 것을 이용해야 한다. 내가 휴학을 경험한 이후로 옛날에 생각하던, 경험하던 학교와는 개념 자체가 달라졌다.

  나는 작년에도, 올해에도 학교에서 진행하는 창업동아리에 선정되어 참여했다. 작년에는 그랬다. 일단 내가 준비된 것이 적었기에 학교가 준비해 주지 않은 것이라 혼동되는 부분이 많았으며, 그 것을 스스로 할 수 없는 것이 많다는 결론으로 단정 지었다. 결론적으로 내가 원하던 결과를 산출할 수 없는 창업동아리라고 생각했고, 의미가 없는 시간이라고 생각했다. 나에게는 창업동아리에서 만난 사람도, 교수도 그저 그랬다. 올해에는 작년보다 뚜렷한 비전을 가지고 창업동아리에 참여하여 내가 가진 것을 공유하고 그에 맞는 사람을 찾았다. 스스로 할 수 있는 일이 많아졌고, 가시적인 성과가 나오기 시작했다. 자연히 창업동아리에서 만났던 사람도, 교수도 좋아졌다. 그랬다. 나의 문제였다. 내가 가진 문제가 가장 컸는데 난 그걸 몰랐다. 집안에 놓고 나온 자동차 키를 자동차 옆에서 찾을 수는 없다. 원한다고 해서 자동차 문이 갑자기 열릴 리도 없다. 다시 지나온 길을 돌아가서 자동차 키를 가지고 나와야 한다. 답은 스스로에 대한 물음의 변화. 그게 가장 컸다.

  처음 학교를 다니던 때, 나는 학교의 정해진 틀에 반드시 적응하여 결과를 산출해야 한다고 생각했다. 난 그것에 취약했고, 적응하기 힘들어했다. 하지만 휴학을 경험하고 학교는 내가 가는 길에서 내가 만드는 본인의 캐릭터에 필요한 툴만 뽑아 쓰는 공간이 되었다. 내가 원하는 분야에서 원하는 만큼만 뽑아 사용할 수 있다면 그걸로 학교의 역할은 끝이다. 내가 동아리를 통해 뽑아 먹든, 학교 창업프로그램을 통해 뽑아 먹든, 학부연구생을 통해 뽑아 먹든, 교내 장학금으로 뽑아 먹든, 교내에서 필요한 조력자를 만나서 뽑아 먹든, 교내에서 뽑아 먹을 수 있는 건 최대한 뽑고, 나의 캐릭터에 대한 풀이는 내 스스로가 적어 나가야 했다.

　나는 영화를 자주 보는데 누구나 명작이라고 하는 영화보다 흔히 말하는 B급 영화를 더 즐겨 본다. B급 영화는 절반 이상을 보기 전에 제작자가 의도한 내용을 파악하고 결말을 대략적으로 예상할 수 있다. B급 영화에 자주 등장하는 클리셰는 우리에게 각인되는 효과를 남기고 내용을 예상할 수 있도록 한다. 그렇다면 B급 영화에 등장하는 클리셰가 B급 클리셰여서 B급 영화가 완성된 것일까? 물론 내가 영화에 큰 식견이 있는 것은 아니지만 B급 영화의 클리셰는 B급이 아니라고 생각한다. 우리가 결말을 예측할 수 있을 정도로 정확한 답을 던져 주는 A급 이상의 미끼라고 생각한다. 휴학을 진행하면서 스스로가 본인의 인생에 대한 클리셰를 만들 것이고, 그것을 지속적으로 느낄 것이다. 그리고 본인이 느낀 클리셰가 누구나 절반을 보면 결말을 예측할 수 있는 B급 영화처럼 본인의 인생을 B급 휴학으로 이끄는 A급 클리셰가 될 것 같다고 생각하는 것이 우리가 휴학을 고민하는 이유가 된다.

많은 사람들이 휴학을 하기 전 고민을 한다. 깊이. 물론 깊이 고민해야 될 일이다. 근데 그 이유의 1순위가 남들보다 뒤처질까 봐가 되지는 말자. 휴학을 한다고 남들과 뒤처진다는 건 정말 그릇된 생각이다. 휴학을 하는 동안 본인이 집에서 게임만 할 것인가? 본인이 엄마가 차려 주는 밥 먹기 싫다고 투정 부릴 나이인가? 본인 인생에 도움이 되기 위해 더 많은 계획을 가지고, 학교에서 할 수 없는 일을 해 보려고, 다양한 경험을 위해 휴학을 진행하는 것 아닌가. 근데 어떻게 내가 앞으로 수행할 경험들을 무시하는 것도 아니고, 휴학 전에 남들에게 뒤처질 걱정을 하는 것인가. 물론 나도 휴학을 하면서 많이 들은 말이라서 그렇다. 사실 이건 사람들의 일반적인 심리 때문이다. 학교를 다니고 있는 것이 정상상태라고 생각해서 그렇다. 많은 사람들이 정상상태에서 벗어나면 불안함을 느낀다. 그리고 남들이 자신이 수행하지 못한 걸 대신한다면 더욱 그럴 것이다. 부러움에서든 신기함에서든 그냥 억까든…. 우리는 누구도 예측 불가능한 B급 클리셰를 사용하여 본인만의 A급 영화이자 A급 휴학을 만들어 가면 된다. 그래서 나는 그런 말을 무척 좋아한다. "용기와 개성 있는 사람들은 다른 사람들에게 아주 불편해"

휴학은 새로운 선택이다. 내 인생에 터닝포인트가 될 수도 있고, 인생을 배우는 시간이다. 그러다 보니 용기와 개성 있는 사람들만이 할 수 있는 선택이라고 생각한다. 아직도 휴학하는 사람들을 좋지 않은 시선으로 보는 사람들이 있다. 그래서 나는 그 용기와 개성 있는 선택을 존중한다. 본인의 선택에 대한 의미를 키워야 한다.

휴학에 대한 시선도 바뀌었다. 물론 휴학에 중독되면 안된다. 휴학의 중독은 휴"직", 나아가 휴"생"까지 갈 수도 있다는 것을 느꼈다. 과도하게 사용하면 안 된다. 하지만 앞으로 재학 중에 또 깨달음을 얻는 기회가 있다면, 더 나은 선택을 해야 하는 기회가 휴학이라면 후회 없이 휴학이라는 걸 택하겠다. 하지만 다음 휴학은 목적성을 찾는 휴학이 아닌 목적성을 가진 휴학을 택하겠다. 공백기 때문에 취업이 안 된다, 인생에서 1년이 정말 큰 시간이다, 뭐하고 살려고 그러냐, 정말 많은 사람들이 휴학을 보고하는 말이다. 반대로 생각하자. 왜 그 시간에 공백을 만들려고 하는가? 1년은 정말 큰 시간이다. 뭐 하고 살지 아직도 안 정했는가? 학교를 다니다가 기회가 오면, 더 나은 인생을 살 수 있는 길이 휴학이라면 당장 휴학을 선택할 것이다.

 결론적으로 1년 동안의 인생을 고민하며, 다양한 삶을 체험하고, 내가 나아갈 길을 걸어 보았다. 나는 아직 경력도 없고, 배움이 짧은…. 학교에서나 인생에서나 그저 새내기였다. 이 사회에서는 어디에서도 그런 새내기를 원하지 않는다. 그리고 새내기가 가진 꿈은 크지만 그 꿈을 실현하기 위한 능력이 부족한 것도 사실이었다. 그 꿈을 실현하기 위한 능력을 기르기 위해 학교라는 울타리는 이 사회가 원하는 성장을 가장 빠르게 할 수 있는 좋은 틀이었다. 인생이 흘러 내 분야의 헌내기가 되었을 때, 2024~2025의 휴학이 기억되길, 그리고 좋은 선택이었기를 간절히 바라면서 글을 마친다.

휴학 간단 정리

1. 여행

매우 칭찬한다. 국내 방방곳곳, 혼자 배낭여행, 섬여행, 동유럽 배낭여행, 호주 한 달 살기, 여행이라면 후회 없이 다녔다. 다양한 곳을 경험하며 많은 문화를 체험하였고 스스로 생존할 수 있는 능력을 기를 수 있었다. 무엇보다 본인만의 특별한 여행방식이 생긴 것에 매우 칭찬한다.

2. 공부

매우 칭찬한다. 본인이 전기전자에서 좌절한 것이 아니라는 것을 깨달았다는 것은 매우 큰 의미이다. 놓지 않고 지속한 공부, 놓지 않은 책, 놓지 않은 볼펜에 감사인사를 드린다. 매우 칭찬한다.

3. 독서

매우 칭찬한다. 분야를 가리지 않고 1년간 약 20권가량의 책을 완독했다는 건 좋은 일이다. 그렇다고 책만 읽어서 해결되는 것 없다는 것도 알았다. 책을 통해 매너리즘에 빠지지 않았던 것도 의미 있다. 책은 동기부여 정도, 언제까지나 행동은 별개의 일이라는 깨달음에 매우 칭찬한다.

4. 워홀

매우 칭찬까지는 못 하겠다. 불확실한 상태에서 길어지는 고민이 얼마나 위험한 선택을 낳게 되는지 배울 수 있었을 것이다. 혼자서 잘 다녀왔고, 모든 게 처음이었을 것에 박수 한번은 쳐 줄 수 있을 것 같다. 그리고 본인이 하고 싶었던 일에 신세 지는 일이 없었던 것, 매우 칭찬한다.

5. 대회(공모전)

매우 칭찬한다. 휴학 이후 약 11개의 공모전에 참가했다. 단순히 고등학교에서 배운 내용을 이용한 공모전 출품으로는 수상에 한계가 있음을 실감했다. 보다 체계적이고 단체적으로 준비하기 위해서는 많은 인맥과 사람들이 필요하다는 것도 깨달았고, 정말 많은 배움과 기회, 인연이 만들어진 것에 고마움을 느낀다. 발을 돌린 곳이 사회라는 것도 긍정적이고 칭찬한다.

6. 창업 및 특허

매우 칭찬한다. 기존에 창업동아리를 던지지 않고 지속한 것. 그래도 버리지 않은 학교의 기록이 있었던 것. 칭찬한다.

7. 알바 및 전과외

매우 칭찬한다. 단순한 보고서 대필 정도의 알바를 휴학 이후 크게 성장시킨 것. 1,500만 원 이상의 과외 수익을 낸 것. 전과외라는 새로운 시스템으로 창업을 시도하고, 행하고 있는 비전에 대해 매우 칭찬한다.

8. 취미

매우 칭찬한다. 드럼이 취미 이상으로 발전했다더라. 흔치 않은 인생이다. 잘 가꿔라. 칭찬한다.

9. 군대

매우 칭찬까지는 못한다는 걸 제발 알고 있어라. 가끔 불현듯 생각나는 공군 입영통지서를 제발 잊어라. 새로운 의미를 만들어라. 행동력은 칭찬한다.

10. 기타

그냥 모두 매우 칭찬한다. 이 순간을 기억해 줘라.

쉬어 갈 때 가장 중요한 30가지

〈여기서부터는 말하는 30가지는 꼭 휴학이 아니더라도 인생에서 다양한 방식으로 "쉬어 감"을 진행하는 모든 사람에게 해당되는 내용으로 "그러려니"의 마음으로 읽어 주세요.〉

1. 마인드

"조급할 필요 없다. 자신만의 길을 묵묵히 걸어간다"라는 생각을 하지만 그 묵묵히라는 것이 가장 어렵다는 것을 깨닫는 순간이 오게 됩니다. 남들의 시선 또는 말을 의식하면 묵묵히가 어렵다는 것, 그리고 그 묵묵히가 안 될 때 조급해진다는 것, 그러면 자신만의 길을 걸을 수 없다는 것을 알게 될 겁니다. 바꿔야 합니다. 어려운 거 압니다. 저자도 현재 노력하지만 여전히 어려운 상태입니다. 생각보다 문제를 해결할 수 있는 시간은 많습니다. 또다른 내일이 있습니다. 또 다른 기회는 찾아옵니다. 항상 조급함을 버리고 전투에 임하세요.

2. 인간관계

휴학 이전에는 친구가 많이 중요하다고 생각할 겁니다. 휴학 이후에 당신은 자의에 의해 반절 정도 남은 친구관계를 볼 수 있을 겁니다. 그리고 남은 반절은 새로운 인간관계로, 나에게 발전을 줄 수 있는 인간관계로 가득 찬 걸 보게 될 겁니다. 나는 깨달았습니다. 자신만의 길을 묵묵히 걸어갈 때는 마음이 편한 친구의 빈도보다 내 뒤에서 또는 앞에서 나를 도와줄 수 있는 조력자의 필요가 있다는 것을 말입니다. 돌아봅시다. 나는 친구를 어떻게 만나고 있는지, 인생에 도움이 되는 친구(내가 가는 길을 응원하고 같은 방향성을 찾을 수 있는 친구)인지, 아니면 만나는 시간이 좋아서 그 시간을 때우려는 것인지. 내 인생을 위해 인간관계를 정리하고 계획적으로 만나야 할 필요가 반드시 있다는 것을 알게 된 당신은 좀 더 많은 것을 얻는 휴학life를 살 수 있을 것입니다. 정리하세요.

3. 배움

배움에는 끝이 없다고 합니다. 휴학 이전에 배움을 계획한 당신은 휴학이 끝날 때쯤 모든 것을 이룰 수 없습니다. 자신이 할 수 있는 범위 이상으로 설정하세요 무조건입니다. 과도하게 설정해야 그것에 반이라도 합니다. 생각보다 배울 수 있는 시간이 많습니다. 이것저것 하다 보면 어느새 성장해 있는 당신의 모습을 보게 될 것입니다. 그리고 밀도 있는 배움을 선택하세요. 나는 취미 드럼을 5년간 쳤습니다. 하지만 이번 휴학을 통해 군악대를 준비했고, 입시 드럼을 2달간 준비했습니다. 5년의 시간보다 2달의 시간이 나를 성장시켰습니다. 밀도 있는 과도한 배움을 통해 성장하세요.

4. 의지할 곳

휴학은 불확실한 결과를 내재하고 있습니다. 내가 아무리 강철 멘탈이어도 나중에는 꺾이게 됩니다. 그리고 강철 멘탈이라서 어디에도 흔들리지 않는다면 잘못된 구멍을 파고 있을 수 있습니다. 무엇보다 내가 의지할 수 있는 곳, 믿음이 필요한 시점이 존재합니다. 내가 속을 터놓고 지낼 수 있는 친구(단 서로의 관계가 발전이 있어야 함), 부모님, 선배님, 종교 등 무엇이든 상관없습니다. 내가 의지할 곳, 무너지지 않을 어딘가를 만드세요.

5. 성찰

성찰하는 시간이 필요합니다. 항상 돌아보세요. 자주 돌아보아야 합니다. 내가 가는 길이 맞는지 돌아볼 수 있는 사람은 나 자신뿐입니다. 내가 가는 길에 대한 확신이 없는 상태라면 더더욱 많은 시간을 할애해야 합니다. 인위적으로 시간을 만드세요. 하루에 한 번 생각하는 시간을 만든다거나, 돌아보는 글을 쓴다거나, 기록을 한다거나, 간단한 행동부터 시작해보세요. 성찰한 시간이 나아가는 길을 탄탄하게 만들 겁니다. 지속적으로 돌아보세요.

6. life pattern

적당한 라이프 패턴이 필요합니다. 휴학 초기부터 수면시간에 집착하는 사람이 있습니다. 적당한 수면시간을 가지고 효율적인 활동시간을 얻을 수 있다면 매우 긍정적일 수 있습니다. 하지만 내가 자는 범위 이외의 시간까지 할애해서 스트레스 받지 마세요. 수면시간을 조절해야 된다는 강박 때문에 깨어 있는 시간에 효율적으로 움직이지 못하는 것이 더 멍청한 짓입니다. 차라리 많이 자고 많이 움직이세요. 과도하게 수면시간을 줄이거나 늘이거나 하지 말고 효율적인 활동시간을 위한 최적의 라이프 패턴을 만들어 보세요.

7. 여행

휴학을 하다 보면 언젠가는 힘들어집니다. 그럼 떠나세요. 가까운데도 좋고 멀리도 좋습니다. 내가 깨달음을 얻을 때까지 떠나 보세요. 단, 친구와 함께하는, 가족과 함께하는 여행보다는 혼자서 여행의 의미를 찾아보세요. 혼자서 여행할 때 내가 과연 어디서 어떻게 힘들어졌는지, 그럼 앞으로 어떻게 해 나가야 할지 방법을 찾기 쉽습니다. 물론 내가 다른 이들과 함께하는 여행에 의미를 둔다면 그것도 좋습니다. 그리고 새로운 여행을 시도해 보세요. 내가 그동안 비행기만 탔는데 배를 타고 어디를 간다거나, 섬여행을 한다거나, 혼자서 국토종주를 한다거나, 혼자 해외여행을 한다거나 등등 새로운 여행에서 새로운 의미를 찾을 가능성이 높습니다. 내가 힘들어 졌을 때, 때로는 어딘가로 떠나다 보면 답을 찾을 수 있을 겁니다. 가방 싸고 문밖으로 나가 보세요.

8. 색다른 휴식

7번과 같은 개념입니다. 이건 하루 개념입니다. 갑자기 힘든 날, 아무것도 안 되는 날, 생각이 많은 날, 내가 마음 놓고 할 수 있는 일을 만드세요. 저는 그게 등산이었습니다. 집 근처 좋습니다. 지하철 타고 좋습니다. 그냥 네이버 지도를 열고 괜찮은 산이 있으면, 물이랑 초코바 챙겨서 올라가보세요. 올라가면서는 무거운 생각이 덜어지고 내려오면서는 새로운 해답이 더해집니다. 눈 오는 날 저녁에는 가까운 산에 올라가 벤치에 앉아 맥주 한잔하며, 속에 있는 이야기를 해보세요. 답답한 이야기, 누구에게도 못 하는 이야기를 허공에 대고 하다 보면 마음이 편해집니다. 이것 말고도 지하철 노선 랜덤으로 골라서 타고 괜찮은 지역에 정차해서 밥 먹고 오기, 절에 가서 무한정 기도하며 앉아 있기, 버스 맨 뒷좌석에서 이동하며 사람 구경하기 등 본인만의 이색적인 꿀꿀한 하루 해결법을 찾았습니다. 운동하기, 악기 다루기, 맛집 탐방 같은 휴식도 좋습니다. 하지만 힘든 어느 날, 하루 정도는 정말 이색적인 휴식을 통해 의미 있고, 일반적이지 않은 하루를 스스로에게 선물해 보세요.

9. 악기 다루기, 운동하기

휴학을 하면서 많은 사람들이 처음에 악기를 시도합니다. 하지만 얼마 가지 않아 그만두거나 그냥 취미 정도의 수준으로 남겨 둡니다. 음악을 전공하지 않는 사람이 내 인생에서 음악에 대한 분야에 발을 들이고, 음악을 연주한다는 것은 정말 의미 있는 일입니다. 정말 열정적으로 시간을 투자해서 정복한다고 생각해 보세요. 어느샌가 취미 수준을 뛰어넘고 있는 자신을 보게 될 겁니다. 그렇다면 당신은 휴학 기간 동안 적어도 음악이라는 분야에서 성공한 것입니다. 색다른 운동을 배워 보는 것도 마찬가지입니다.

10. 자존심

휴학을 하다 보면 의외로 자존심이 상하는 일이 많을 겁니다. 일희일비하지 마세요. 무뎌지세요. 그게 스스로에게 편합니다. 내가 자존심을 세운다고 내 상황이 달라지지 않습니다. 자존심을 세울 만한 상황이 없도록 강해지세요. 그러기 위해 스스로를 단련해야 합니다.

11. 시간을 다루는 법

어느 날, 갑자기 내가 생각했던 계획이 다 틀어질 때, 해야 할 일이 모두 사라졌을 때, 당신을 어떻게 할 것인가요? 시간을 다루는 법을 배우세요. 당신의 시간에 변칙적인 공격을 가해 보세요.

12. 사랑

일단 저는 실패했습니다. 근데 주변을 보니까 이게 활력소가 된다 그러네요. 혼자 있는 것이 지치거든 해 보세요. 이때 아니면 언제 또 해 볼 수 있겠습니까. 깊은 고민을 이야기하고, 나의 온기를 나눌 수 있는 사람을 만나 보세요.

13. 기록

5번이랑 비슷한 개념인데, 자료를 남긴다는 것에서 다릅니다. 제가 언제 이런 장편의 글을 써 볼 기회가 있겠습니까. 본인의 인생을 기록한다는 것은 정말 중요한 일입니다. 그리고 생각보다 어렵지 않습니다. 워드를 키고 120,000자만 적으면 책 한 권을 낼 수 있다는 말에 쓰기 시작한 글입니다. 어렵지 않습니다. 하루하루의 기록이 당신에게 의미를 만듭니다. 기록하세요.

14. 부모님

내 인생이 힘들 때, 같이 힘들다고 느낄 수 있는 분은 오직 부모님입니다. 감사한 마음을 가지세요. 언제까지나 함께하는 사람들이 아닙니다. 당신이 정착할 때쯤에 부모님은 세상에 안 계실 수 있습니다. 지금 이 순간에 감사함을 표현하세요.

15. 증명

나를 증명하는 도구가 필요합니다. 휴학 초기에 나를 증명할 수 있는 도구가 많이 없었고, 여러 기록을 통해 증명하기 위한 도구를 많이 만들었습니다. 그리고 이제는 나를 찾는 사람이 있을 때 내가 어떤 사람인지 증명할 수 있습니다. 나를 증명할 수 있는 도구를 만드세요.

16. 정리

내 주변을 정리하고, 내 스스로를 정리해야 깔끔한 나 자신을 만들 수 있습니다. 정말 사소한 것부터 전부 정리하세요.

17. 독서

아무거나 읽어도 결국 도움이 됩니다. 정말 아무거나 잡히는 걸 읽어 보세요. 하루에 5분이 되었든 50분이 되었든 결국은 도움이 됩니다. 당신이 하루에 인스타에 투자하는 릴스 3개면 인생이 달라질 수 있습니다. 하지만 독서를 한다고 반드시 인생이 바뀌지는 않습니다. 많은 유튜브, 인스타 채널에서 본인이 어떤 것을 포기하고 책을 통해서 인생이 달라졌다고 하는데, 사실 그건 과대 포장입니다. 책을 읽는 건 긍정적인 일입니다. 하지만 본인에게 책에서 나온 깨달음을 통한 실행력이 있어야 합니다. 책만 본다고 내 인생에 변화가 오지는 않습니다. 책을 보고 움직이는 것까지가 독서의 의미입니다.

18. 핸드폰 사용시간

소셜은 반드시 2시간 이내로 줄이세요. 2시간을 넘어간다는 건 필연적으로 불필요한 짓을 하고 있다는 겁니다. 아무리 내가 중요한 일을 하고, 엄청난 일을 해도 핸드폰 사용시간이 하루에 2시간 이상으로 넘어간다는 것은 딴짓을 하고 있는 시간이 존재한다는 겁니다. 일단 줄여 봅시다.

19. 가치

가치 있는 일을 하세요. 하면서 뿌듯한 일을 하세요. 일에 내가 휘둘리고 끌려 다닌다면 아직 당신은 그 일에 적응하지 못한 것입니다. 순응하려 하지 마세요. 순응한 삶은 언제까지나 불만을 만들어 냅니다. 일에 가치를 따지고, 내가 가치를 부여한 일에만 시간을 투자하세요.

20. 소비

내가 사용할 수 있는 경제권 이상으로 소비하는 것은 옳지 않습니다. 엄카? 말이 됩니까? 정신 차리고 내가 사용할 수 있는 경제권 이상의 소비라면 과감하게 포기하세요.

21. 경제권

20번과 관련된 말입니다. 세상은 소비입니다. 민주주의 사회에서 경제권도 없는 사람이 가슴 펴고 다닐 수 있는 자격은 없습니다. 성인이 되었으면 최대한 자급자족하며 살아가세요. 혹시나 쉬어 감을 진행하며, 부모를 비롯한 외부의 자금적 지원을 받는 것은 계산적이여야 합니다. 나중에 반드시 갚아야 하는 돈이며, 웬만해서는 스스로의 경제권으로 만드세요.

22. 나만의 강점

대체 불가능한 인력. 이게 세상이 원하는 가치입니다. 그렇다면 내가 그 대체 불가능한 이력이 되기 위해 어떤 점을 강조할 수 있는가? 나에게 대체 불가능한 능력은 무엇이 있는가? 찾아보세요. 그것을 찾은 사람만이 성공한다고 하네요.

23. 행복

행복의 기준은 낮춰야 합니다. 여러 매체 등에 중독되어 행복의 기준이 상향 평준화되어 있는 요즘 옳지 않은 모습들이 많이 보여지고 있습니다. 왜 매년 자살인구 비중이 증가할까요? 나만의 행복의 기준을 찾아야 합니다. 그리고 그 기준은 하향 평준화되어야 합니다. 사소한 것에 행복을 느낄 줄 아는 사람이 진정한 위너입니다.

24. 사과

내가 저지른 일에 책임을 지는 것은 중요합니다. 하지만 사과하지 않아야 하는 일을 빨리 끝내고 싶다는 이유로 내가 책임진다는 것은 옳지 않습니다. 휴학하다 보면 그냥 만사가 귀찮아질 때가 있습니다. 잘못을 했는데 아무리 봐도 내 잘못은 아닙니다. 그래도 내가 사과하면 빨리 끝납니다. 그렇다고 사과하지 마세요. 물론 하나의 상황은 빨리 끝납니다. 하지만 버릇이 되더라구요. 그리고 상대방이 나를 그저 그런 사람으로 알게 되는 시작이 됩니다.

25. 삶에 대한 평가

내 삶에 대한 평가는 매우 중요합니다. 5번의 개념처럼 성찰하는 계기를 만들어야 합니다. 하지만 남의 삶을 평가하는 것만큼 우스운 일이 없습니다. 내 삶을 중요하게 생각하는 만큼 상대방의 삶도 존중해야 합니다. 휴학한다고 남의 삶과 비교할 필요도, 평가할 이유도 없습니다. 그냥 내 길을 걸어가면 됩니다. 삶에 대한 평가는 항상 조심스러워야 합니다.

26. 언어

저는 언어에 많이 약합니다. 국어적으로 언변이 뛰어나지도 못하고, 영어를 잘하지도, 일본어를 잘하지도, 잘하는 언어가 존재하지 못합니다. 하지만 언어적으로 뛰어난 분은 본인의 생각을 누구에게나 표현할 수 있다는 큰 장점을 가지고 있는 겁니다. 그렇기에 누구나 언어적으로 노력하는 것처럼 언어는 신경 쓸 필요가 있습니다.

27. 묵인

누군가 나에게 "너는 왜 그래"라고 물어보면 "나 원래 이래"라는 답은 좋지 않습니다. 스스로의 행동이 잘못된 것을 알면서 묵인하는 겁니다. 내 행동이 어디가 잘못되었는지 알면 스스로 고쳐 나갈 수 있는 소소한 노력을 해보아야 합니다.

28. 호흡

살면서 호흡이 매우 중요하다고 생각합니다. 긴장될 때 약을 먹는 것보다, 배 아플 때 병원 가는 것보다, 배고플 때 밥 먹는 것보다 효과적인 것은 호흡입니다. 나 스스로를 통제하고 다스릴 수 있는 것은 본인 안에 있다는 말입니다. 스스로의 호흡을 읽고 더 강해질 수 있습니다. 휴학을 하면 지속적인 호흡을 하세요.

29. 動

생각만 하고 가만히 멈춰 서 있는 사람이 세상에서 가장 멍청한 사람입니다. 생각 다음에 할 수 있는 건 무조건 행동입니다. 생각한 대로 행동하세요.

30. 영화

필수적으로 영화는 시청해야 한다고 생각합니다. 우리가 경험하지 못한 것, 생각하지 못한 것까지 대리 경험할 수 있는 기회가 됩니다. 그리고 영화를 보고 끝내지 마세요. 연출을 찾아보고, 평론을 찾아보며 작품의 의도를 보다 보면 자연스럽게 본인을 성찰할 수 있게 됩니다. 저는 〈말아톤〉의 초원이를 보며 뚜렛 인간인 스스로를 고민하였고, 〈악마를 보았다〉를 보며 인간의 이면에 대한 무서움을 깨달았으며, 〈인턴〉을 통해 처세에 대해 배웠습니다.

책을 쓰게 되었다는 것

　나는 휴학기간 동안 내가 살아온 이야기를 정리하고 싶었다. 항상 내가 살아온 인생이 그리 평범하지만은 않다고 생각했다. 살면서 내 인생에 대해 정리해 본 건 초등학교 3학년까지의 일기 숙제를 제외하고는 없었다. 휴학 계획 중, 기록에 대한 내용이 있었다. 휴학이 어떻게 진행되든 나는 인생에 있는 공식적인 첫 "쉼"을 기록하고자 했다. 그래서 휴학 이후, 있었던 일에 대한 기록을 시작했다. 사실적 기록에는 항상 내 주관이 개입되었다. 어느 날 바라본 내 주관에는 일정한 방향이 있었다. 나는 그 방향에 20대의 고민하는 사람들이 알 수 있는 깨달음이 있다고 생각했다. 누구나 본인인생에서 느껴지는 굴곡은 큰 법이다. 굴곡에 대항하는 법을 만드는 것은 본인에 따라 달라진다. 그리고 난 누구보다 크게 느껴졌던 내 굴곡을 대항하는 법을 만들고자 했다. 그때부터였다. 20대까지의 이야기를 적었다. 원래 이 책의 제목은 "떠오르는 태양 아래"였다. 내가 휴학을 하면서 생각한 내 주관은 나이에 따라 달라질 만한 생각이었다. 내가 원하는 일을 하면서 50대에 같은 생각을 하고 있다면 다른 답을 기록할 것 같았다. 그래서 나는 살면서

3번의 기록을 하고 싶었다. 첫번째 기록은 20대가 되겠지만 그 이후의 나이가 들어서, 내가 원하는 직업을 가지고, 내가 원하는 삶을 살며, 어떤 생각을 하고 있는 가에 관한 깨달음을 정리하고 싶었다. 그 나이는 떠오르는 태양, 떠 있는 태양, 저무는 태양으로 설명이 가능했다. 7시 이전의 떠오르는 태양에서 과연 나는 어떤 인생을 살고, 어떤 깨달음을 얻었는가. 그게 기록의 이유였다.

결론적으로 이 책은 휴학에 관한 제목을 가지게 되었다. 20대까지의 이야기는 너무 장황했다. 난 20대까지 남들과는 다른 삶이라는 가치관을 추구하며 스스로의 많은 깨달음을 얻었다. 하지만 내가 받은 깨달음이 남들에게 같은 울림으로 전달될까? 그건 아니었다. 20대까지의 울림을 줄만한 사건이 없었다. 내가 크게 성공한 것도 아니고, 내가 크게 망한 것도 아니고, 어떻게 보면 스스로에게만 특별한 삶일 수 있었다. 본인 인생의 굴곡이 가장 큰 법이니까. 그래서 생각했다. 그렇다면 지금 살아온 인생 중에 내 주관의 방향성이 남들과 공감될 수 있는 사건은 어떤 것인가? 휴학이었다. 내가 휴학을 하면서 남겨온 기록들이 그저 기록이 되지만 않았으면 하는, 모두가 공감하는 스토리가 되었으면 하는 마음에서 글을 쓰게 되었다.

휴학중독

ⓒ mobydick., 2025

초판 1쇄 발행 2025년 8월 18일

지은이	mobydick.
펴낸이	이기봉
편집	좋은땅 편집팀
펴낸곳	도서출판 좋은땅
주소	서울특별시 마포구 양화로12길 26 지월드빌딩 (서교동 395-7)
전화	02)374-8616~7
팩스	02)374-8614
이메일	gworldbook@naver.com
홈페이지	www.g-world.co.kr

ISBN 979-11-388-4598-4 (03810)

- 가격은 뒤표지에 있습니다.
- 이 책은 저작권법에 의하여 보호를 받는 저작물이므로 무단 전재와 복제를 금합니다.
- 파본은 구입하신 서점에서 교환해 드립니다.